かっこいい　1ねんせいを　めざして　がんばろう!

20かいめまで
おわったら、
うらめんを　みよう。

もくひょうを　かこう。

もくひょう

□がつ□にちに この ワークが
おわるように こつこつ やるぞ!

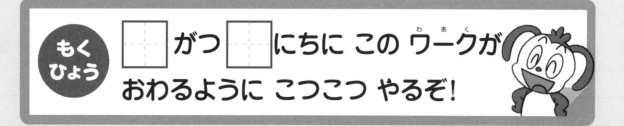

ひょうしょうじょう

さま

おうちの ひとに かいて もらおう。

あなたは にゅうがくのじゅんびワーク(わあく)
おうようくんに さいごまで
とりくみ、 よく がんばりました。
ここに ひょうしょうします。
ーねんせいに なっても
たのしく べんきょうしようね。

おうちの ひとに かいて もらおう。 (おうちのかたからひと言をお書きください)

ねん　がつ　にち

こくごと さんすうの べんきょう スタート！

おうちのかたへ

国語・算数という教科に分かれての勉強の始まりです。これから長い年月かけて学習していくうえで、「国語」や「算数」の勉強はなぜ大切かを習い始めのこの時期に伝えてあげてください。このワークの発展ページでは、学んだ知識を生活の中で応用できる様々な取り組みをご紹介しています。「勉強をする意味」「勉強の楽しさ」を少しでも感じて、「自分から進んで勉強する」、そんな1年生になることを願い、このワークをお届けしています。

ちょっと まって!! べんきょうを はじめる まえに

おうちのかたへ

学習習慣を身につけるために必要な「勉強する前に約束してほしいこと」を紹介しています。正しい姿勢や鉛筆の持ち方は無理なくきれいな字を書いていくための基本です。ここでは右ききの場合の持ち方を掲載しています。左ききの場合は左右逆になりますので、おうちのかたからのご指導をお願いいたします。
このページをご活用いただき「学習習慣」と「学習の仕方」について確認してあげてください。

こんな とき きみは どうする？

1 ワークを やる ときは？

いちどに できる ところまで やって、あとは やらない。

さいごまで もくひょうどおり こつこつ やる。

→ すてき まちがえた ところは もう一かい やってみよう。

→ まるつけを して もらおうね。

2 ワークが 一かいぶん おわったら？

まるつけして もらう。

おわったら もう おしまい。そのまま おいておく。

→ すこしずつ さいごまで やってね。

→ いいね ワークや パズルを じぶんで かたづけたら さらに かっこいいよ。

3 えんぴつを つかう ときは？

ただしい もちかたで もつ。

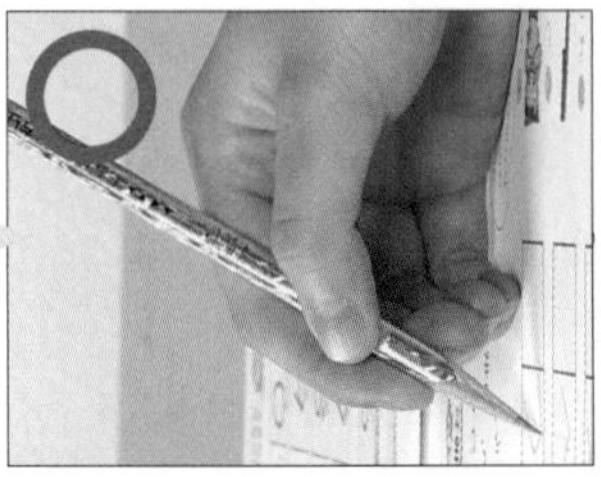

まちがっていても すきな もちかたで もつ。

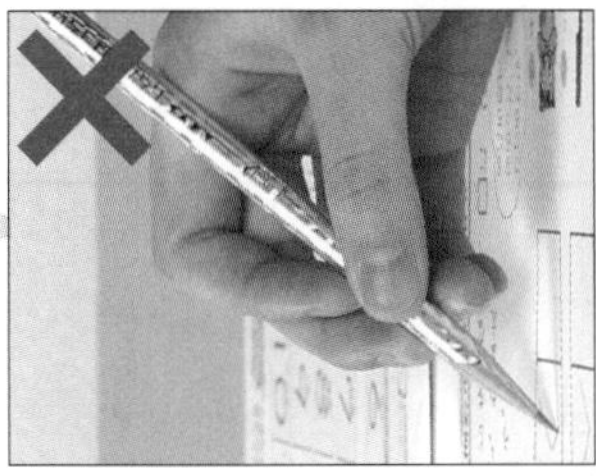

→ すごい！ ただしい しせいで かけたら もっと すごいね。

→ ただしく もつと かきやすいよ。

さあ べんきょうを はじめよう。

もじ

ひらがなひょう

べんきょうした ひ　がつ　にち

おうちのかたへ　解答は45ページ
表を使ってひらがなの全体像を確認し、ひらがながいくつか集まって言葉が構成されていることに気づかせます。

● ひらがなひょう の もじを こえに だして よみましょう。
したの えの なまえの もじを ○(まる)で かこみましょう。

ひらがなひょう

やりかた

あ	い	う	え	お
か	き	く	け	こ
さ	し	す	せ	そ
た	ち	つ	て	と
な	に	ぬ	ね	の
は	ひ	ふ	へ	ほ
ま	み	む	め	も
や		ゆ		よ
ら	り	る	れ	ろ
わ				を
ん				

やりかた

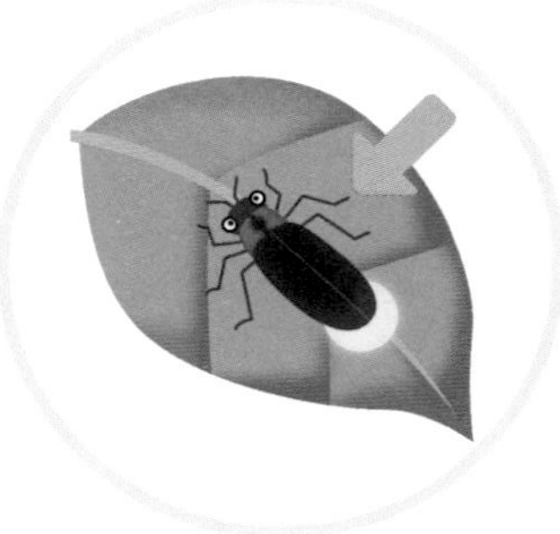

ひらがなは
46もじ あるよ。
えの なまえの もじを
ぜんぶ みつけられるかな？

▲いけのカン(かん)がえる

さんすうも やろう

さんすう 1 かいめ

かず

かぞえて　すうじで　あらわそう！①

おうちのかたへ　解答は45ページ
数える対象を正しくとらえて数を数え，数字で書き表す練習をします。

レベル ★☆☆

べんきょう した ひ　がつ　にち

● **きりん，ぞう，さる**の　かずを　かぞえて，すうじで　かきましょう。

もじ

ひらがなを かこう①

べんきょうした ひ　　がつ　　にち

おうちのかたへ　解答は45ページ
ひらがなの清音・濁音（「゛」のつく音）・半濁音（「゜」のつく音）・促音（小さい「っ」のつく音）を含む言葉を書いて、練習します。

● えに あう ことばを かきましょう。

さんすうも やろう

かず

かぞえて　すうじで　あらわそう！②

おうちのかたへ　解答は45ページ

数える対象を正しくとらえて数を数え，数字で書き表す練習をします。

レベル ★☆☆

べんきょう した ひ　　がつ　　にち

● **りんご，ケーキ，さら，フォーク**の　かずを かぞえて，すうじで　かきましょう。

□ こ

□ こ

□ まい

□ ほん

もじ

ひらがなを　かこう②

べんきょうした ひ　がつ　にち

おうちのかたへ　解答は46ページ
ひらがなの長音(のばす音)・拗音(小さい「や」「ゆ」「よ」のつく音)・拗長音(拗音と長音を合わせた音)を含む言葉の練習をします。

● えに　あう　ことばを　かきましょう。

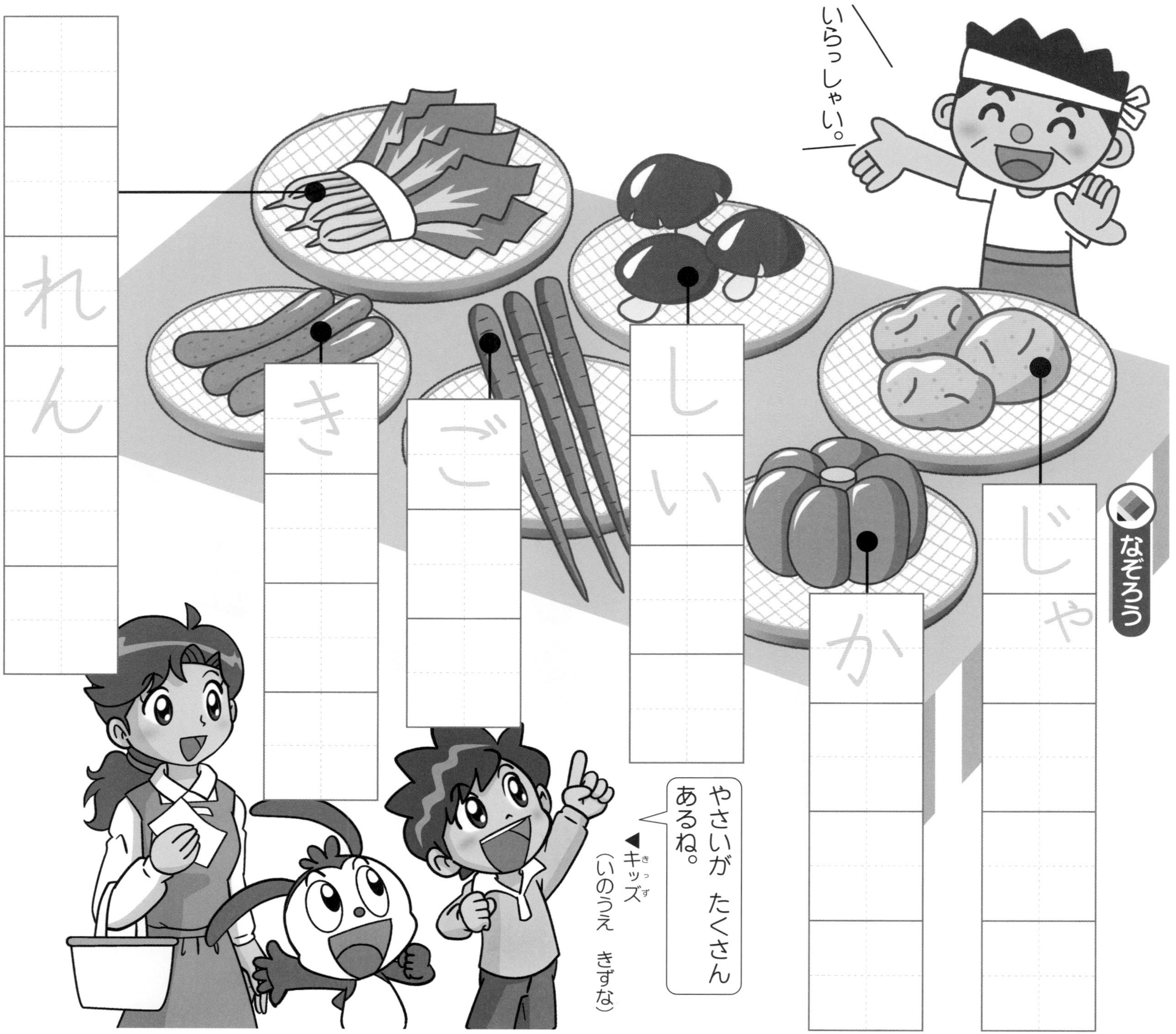

▲キッズ（いのうえ　きずな）

さんすうも　やろう

かず

かぞえて　すうじで　あらわそう！③

おうちのかたへ　解答は46ページ

ばらばらに配置されているものの中から数える対象を探して数を数え，数字で書き表す練習をします。

レベル ★☆☆

べんきょうした ひ　がつ　にち

● **さめ，かめ，たい**の　かずを　かぞえて，すうじで かきましょう。

さめ  □ びき　かめ  □ ひき　たい  □ ぴき

こくご 4かいめ

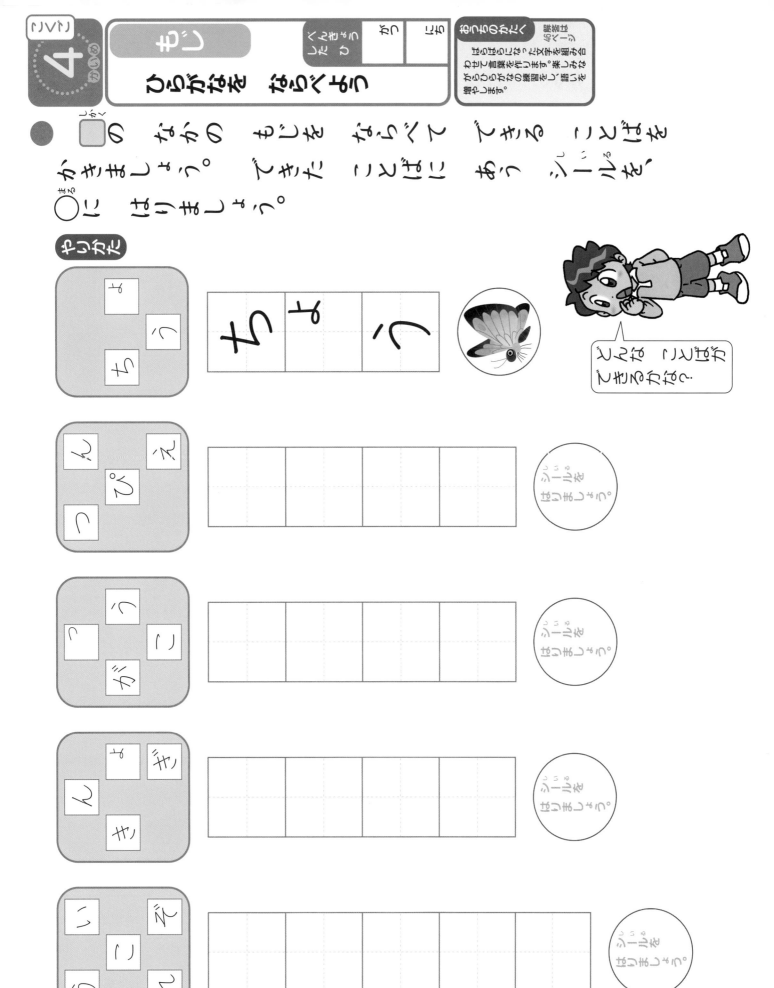

もじ ひらがなを ならべよう

べんきょうした ひ　がつ　にち

おうちのかたへ 解答は46ページ
ばらばらになった文字を組み合わせて言葉を作ります。楽しみながらひらがなの練習をし、語いを増やします。

● □(しかく)の なかの もじを ならべて できる ことばを かきましょう。できた ことばに あう シール(しいる)を ○(まる)に はりましょう。

やりかた

よ　う　ち	ち	ょ	う

ん　え　ぴ　つ

シール(しいる)を はりましょう。

う　つ　こ　が

シール(しいる)を はりましょう。

よ　ぎ　ん　き

シール(しいる)を はりましょう。

い　ぞ　こ　う　れ

シール(しいる)を はりましょう。

さんすうも やろう

かず

おなじ かずの ものは どれかな？①

おうちのかたへ　解答は46ページ

大小の違いがはっきりした素材で同じ数のものを対応させることで，数が表す大きさは，数えるものの大きさとは関係がないことを理解させます。

レベル ★☆☆

べんきょう した ひ　がつ　にち

● おなじ かずの ものを ●—せん—● で むすびましょう。

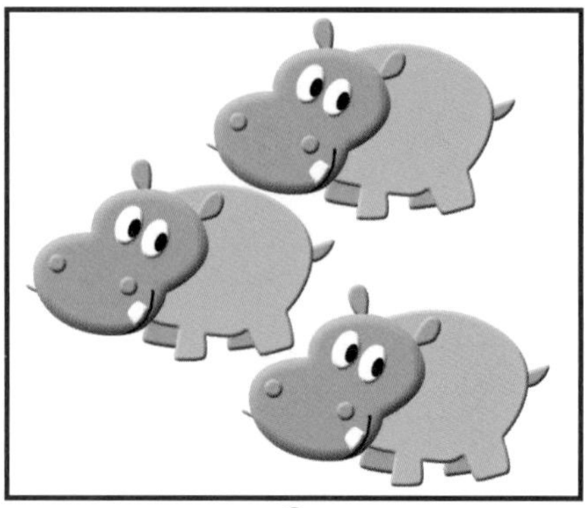

おおきいね！

1　3　4

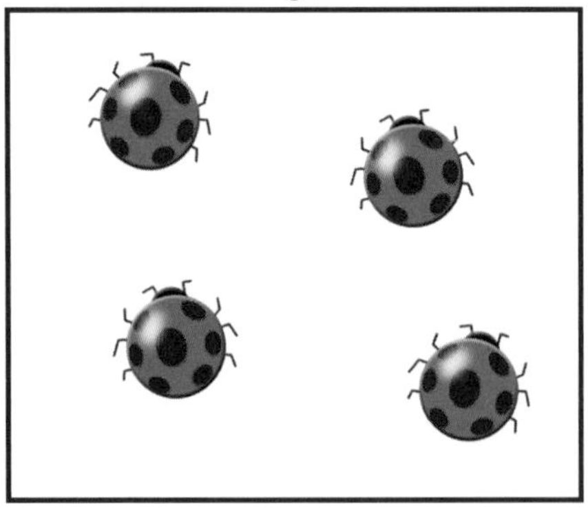
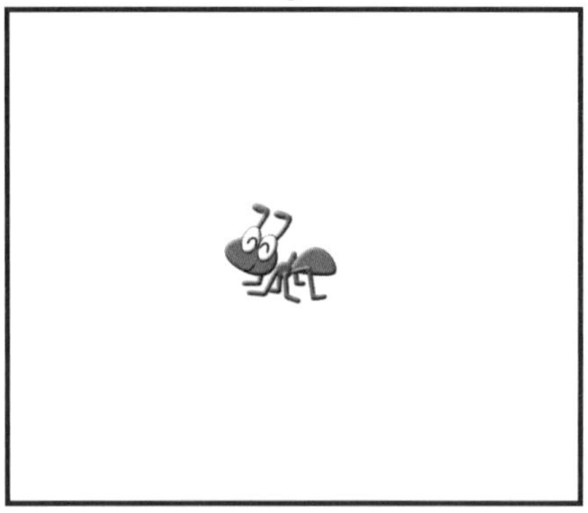
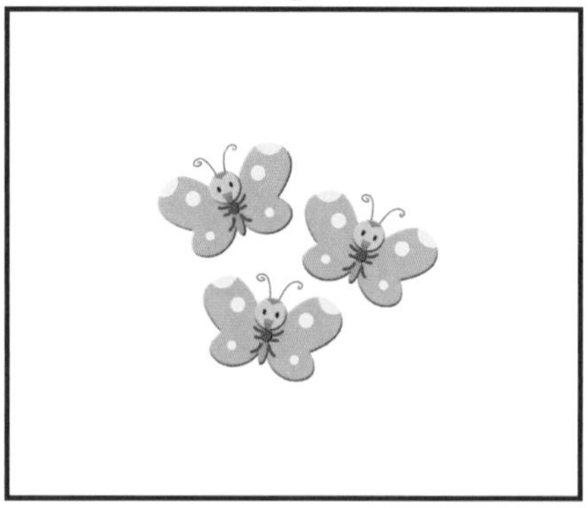

おおきくても
ちいさくても
かずは
おなじだね！

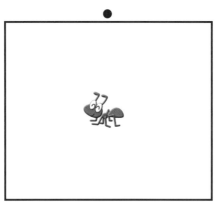

こくご 5 かいめ

もじ

べんきょうした ひ　がつ　にち

いきものの　なまえを　さがそう

おうちのかたへ　解答は47ページ
動物の名前を探します。楽しみながらひらがなの練習をし、語いを増やします。

● 3もじの　いきものの　なまえを　さがして、（まる）で　かこみましょう。
かこんだ　なまえを　（ます）に　かきましょう。

やくそく　たて↓か　よこ→の　むきに　よみます。

ぜんぶで　8こ　あるよ。（まる）が　かさなっても　いいよ。

やりかた

い	の	す	ら	か
み	ず	ね	ぐ	し
ぼ	は	つ	も	あ
ん	り	き	ぬ	た
と	な	む	さ	け

やりかた

かりかた例：か　ら　す
あ　し　か

さんすうも　やろう

さんすう 5 かいめ

かず

おなじ　かずの　ものは　どれかな？②

おうちのかたへ　解答は47ページ

大きさや形状，色の違いがある素材を取り上げ，数が表す大きさは，数えるものの大きさや形状，色などとは関係がないことを理解させます。

レベル ★☆☆

べんきょう した ひ　　がつ　　にち

● おなじ　かずの　ものを　●―（せん）―●で　むすびましょう。

クッキー（くっきい）

あめ

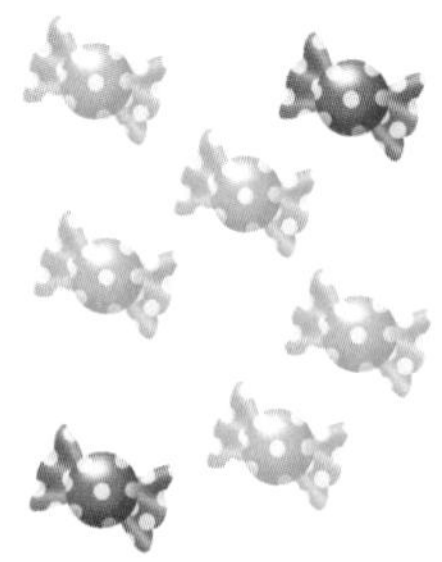

ドーナツ（どうなつ）

ケーキ（けえき）

7	8	9	10

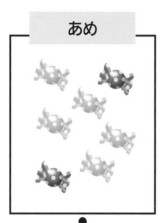

ほし

ハート（はあと）

まる

さんかく

もじ クイズに こたえよう

べんきょうした ひ　がつ　にち

おうちのかたへ　解答は47ページ
クイズを楽しみながら、ひらがなの練習をし、語いを増やします。

● クイズの こたえを かきましょう。

クイズ

どうぶつの おしりに ある もの なあに？

なぞろう

し

ねばねばする まめの たべもの なあに？

な

ぐう、ちょき、ぱあで、かったり まけたり する もの なあに？

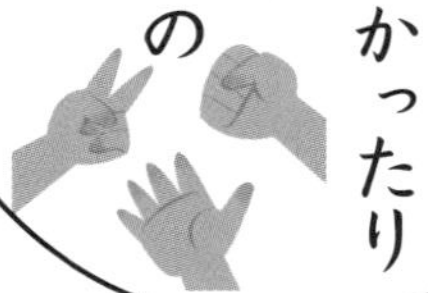

じ

うしの おちちで つくる しろい のみもの なあに？

ぎ

さんすうも やろう

さんすう 6 かいめ

かず

いちばん　おおいのは　どれかな？

おうちのかたへ　解答は47ページ
明らかに数えなくてもよいものを省いて，見通しを持って数が多そうな（少なそうな）ものの中で比べればよいことに気づかせます。

レベル ★★☆

べんきょうした ひ　　がつ　　にち

● かずが いちばん おおい ものの （　）に ○を かきましょう。
かずが いちばん すくない ものの （　）に △を かきましょう。

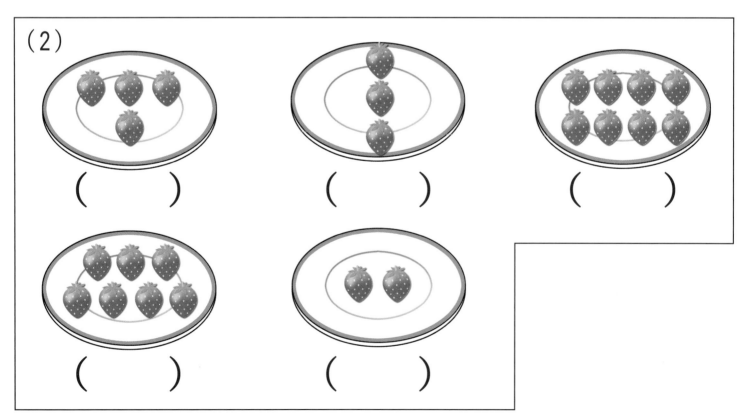

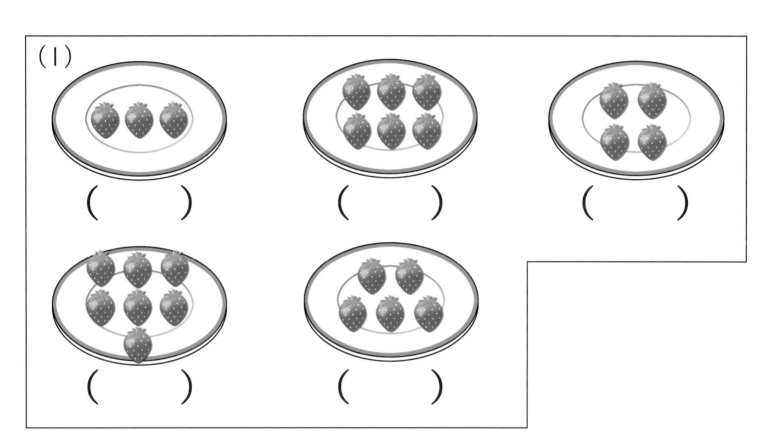

（1）

（　　　）

（　　　）

（　　　）

（　　　）

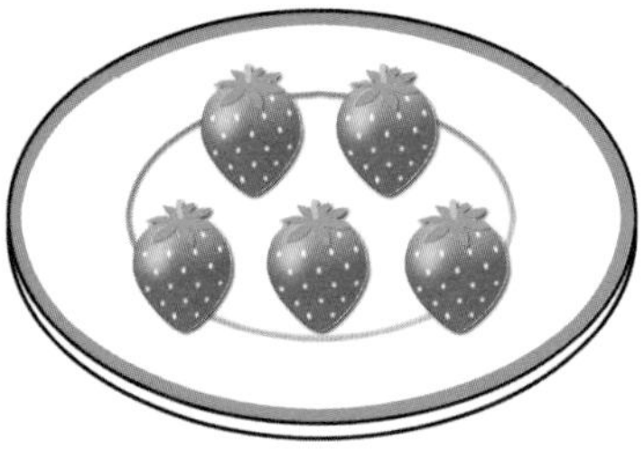
（　　　）

（2）

（　　　）

（　　　）

（　　　）

（　　　）

（　　　）

もじ

しりとりを　しよう

べんきょう した ひ　がつ　にち

おうちのかたへ　解答は48ページ
しりとりを楽しみながら、ひらがなの練習をし、語いを増やします。

● えに　あう　ことばを　かいて、しりとりを　しましょう。

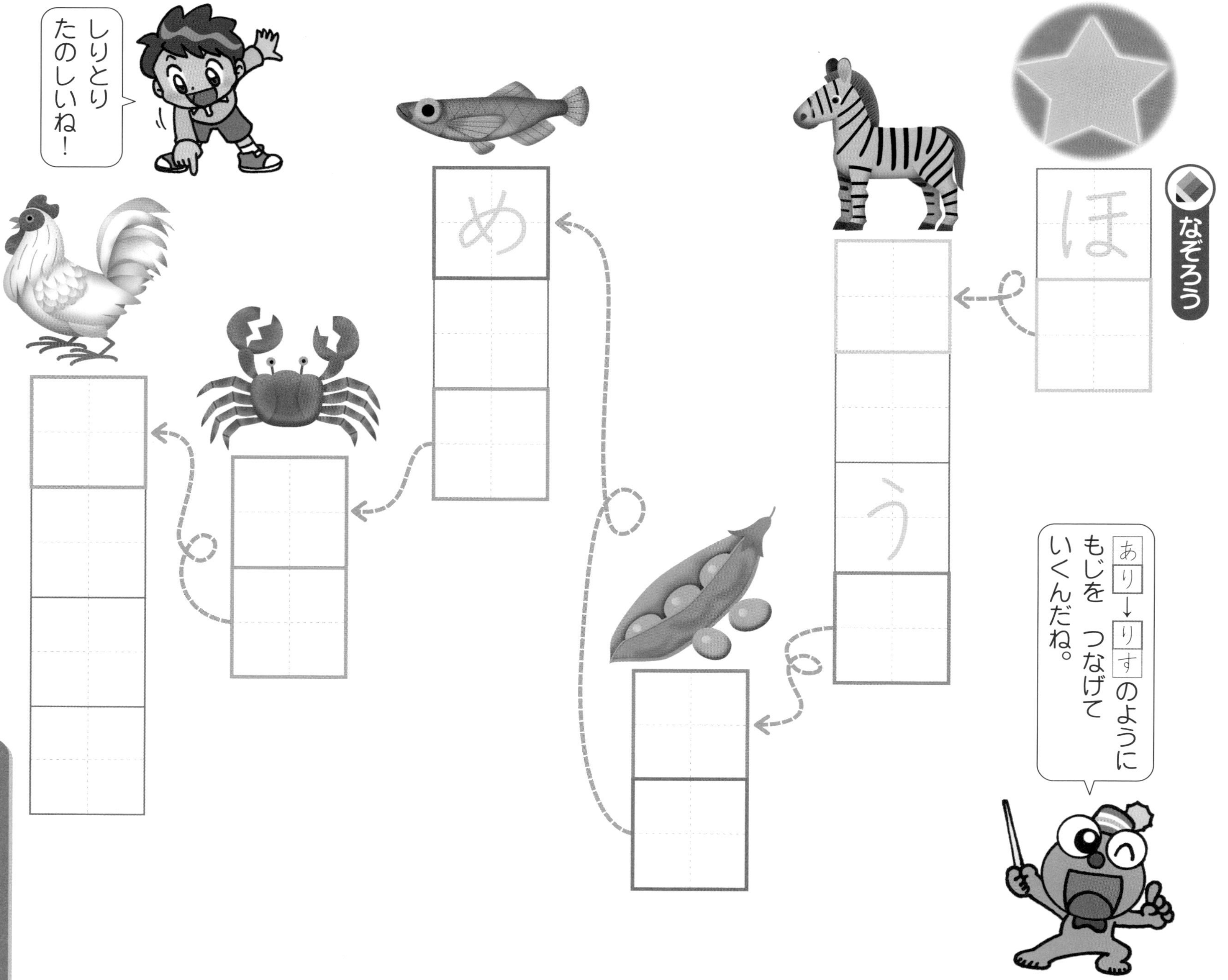

さんすうも　やろう

さんすう

7 かいめ

かず

10を　みつけよう！

おうちのかたへ　解答は48ページ

数をとらえる際の基礎となる「10」の量感をとらえ，同じ「10」でもいろいろな構成のしかたがあることに気づかせます。

レベル ★★☆

べんきょうした ひ　　がつ　　にち

● 10は　どれでしょう。みつけて，〇（まる）で　かこみましょう。

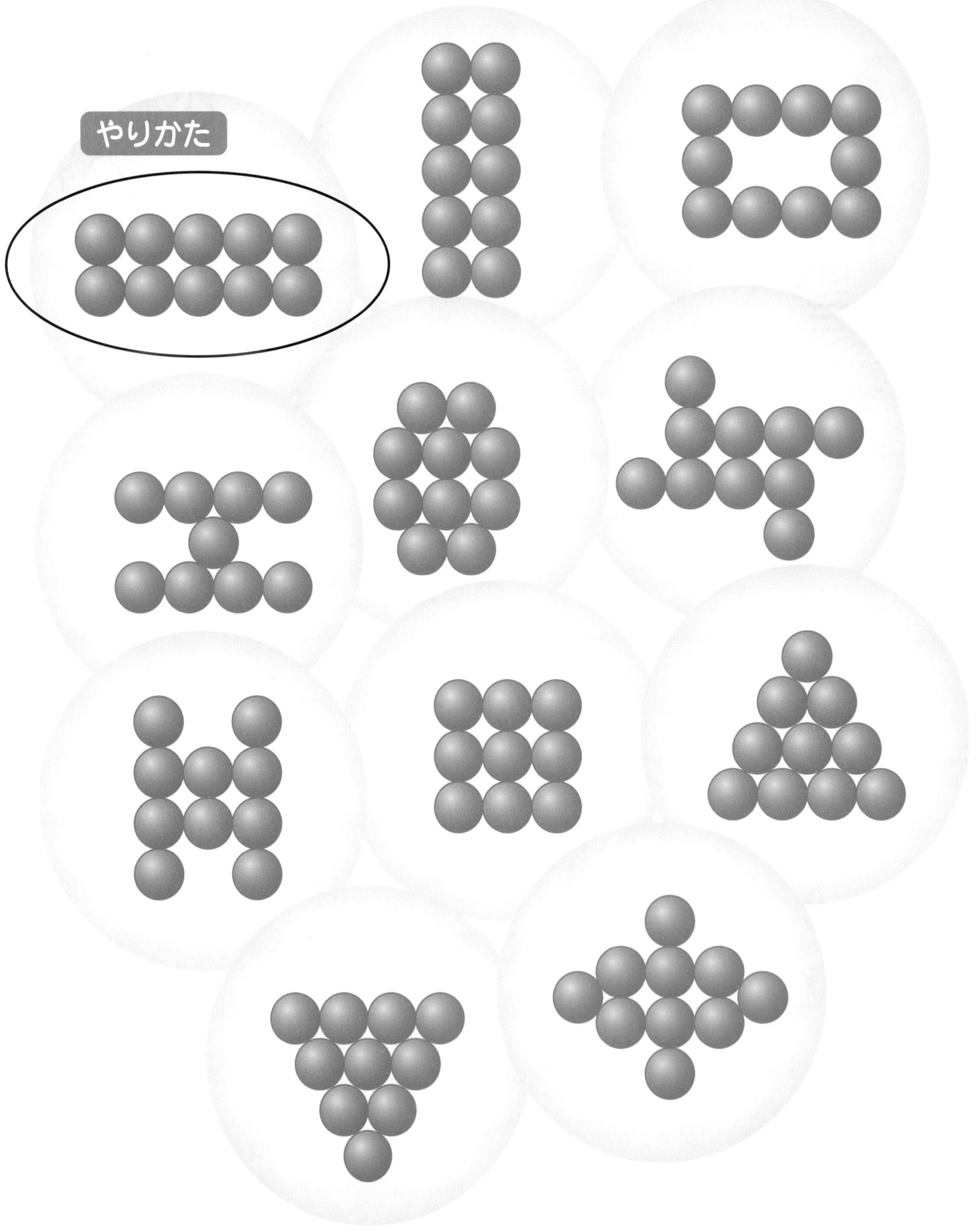

もじ

ひらがなクロスワード（くろすわあど）に ちょうせんしよう

べんきょうした ひ　がつ　にち

おうちのかたへ　解答は48ページ
クロスワードパズルを楽しみながら、ひらがなの練習をし、語いを増やします。

● ↓（たて）か →（よこ）の むきに、えに あう ことばを かきましょう。

なぞろう

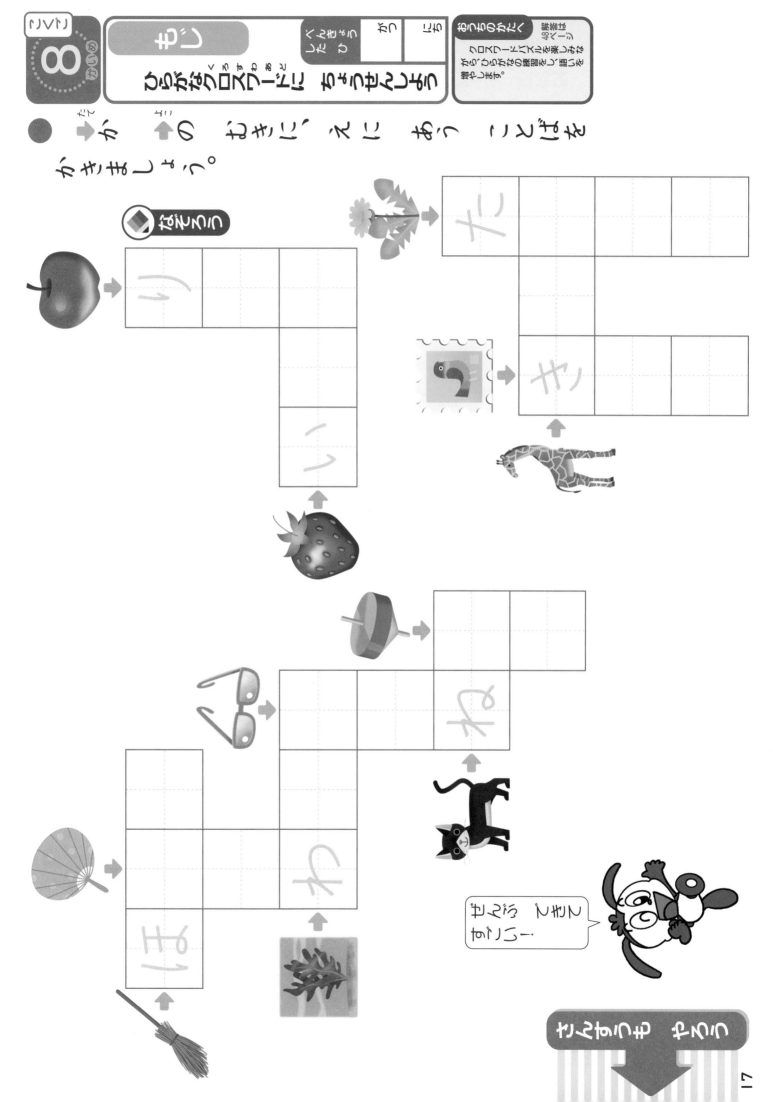

さんすうも　やろう

かず

2まいで　おなじ　かずに　しよう！①

おうちのかたへ　解答は48ページ

数感覚や数の量感を養うとともに，1つの数を2つの数の組み合わせでとらえる練習をします。

レベル ★★☆

べんきょうした ひ　がつ　にち

● ひだり の カードと おなじ かずに なるように，みぎ から カードを 2まい えらんで，（　）に ◯を かきましょう。

ひだり　みぎ

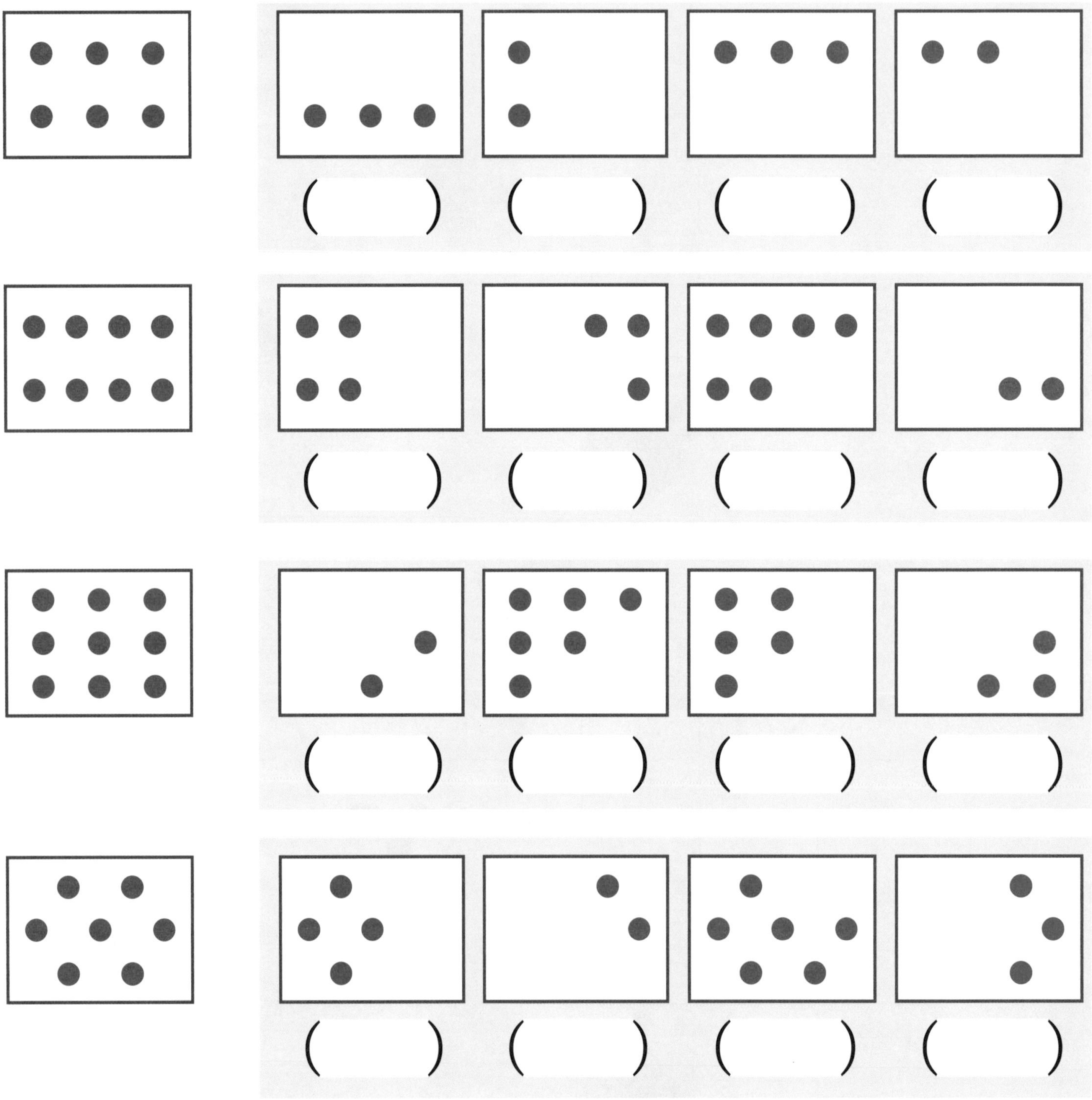

こくご 9かいめ

もじ

かたかなを　よもう

べんきょうした ひ　がつ　にち

おうちのかたへ　解答は49ページ
身近にある、かたかなの言葉を読んで、かたかなを覚えます。

● □(しかく)の　ことばを、こえに　だして　よみましょう。
ことばに　あう　えを　●―●(せん)で　むすびましょう。

やりかた

ネクタイ

シャツ

ズボン

リボン

ネックレス

バッグ

スカート

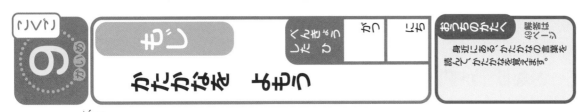

さんすうも　やろう

かず

2まいで　おなじ　かずに　しよう！②

おうちのかたへ　解答は49ページ

数感覚や数の量感を養うとともに，１つの数を２つの数の組み合わせてとらえる練習をします。

レベル ★★☆

べんきょう した ひ　　がつ　　にち

● ひだり の カードと　おなじ　かずに　なるように，みぎ から カードを　２まい　えらんで，(　)に ◯を　かきましょう。

ひだり　　みぎ

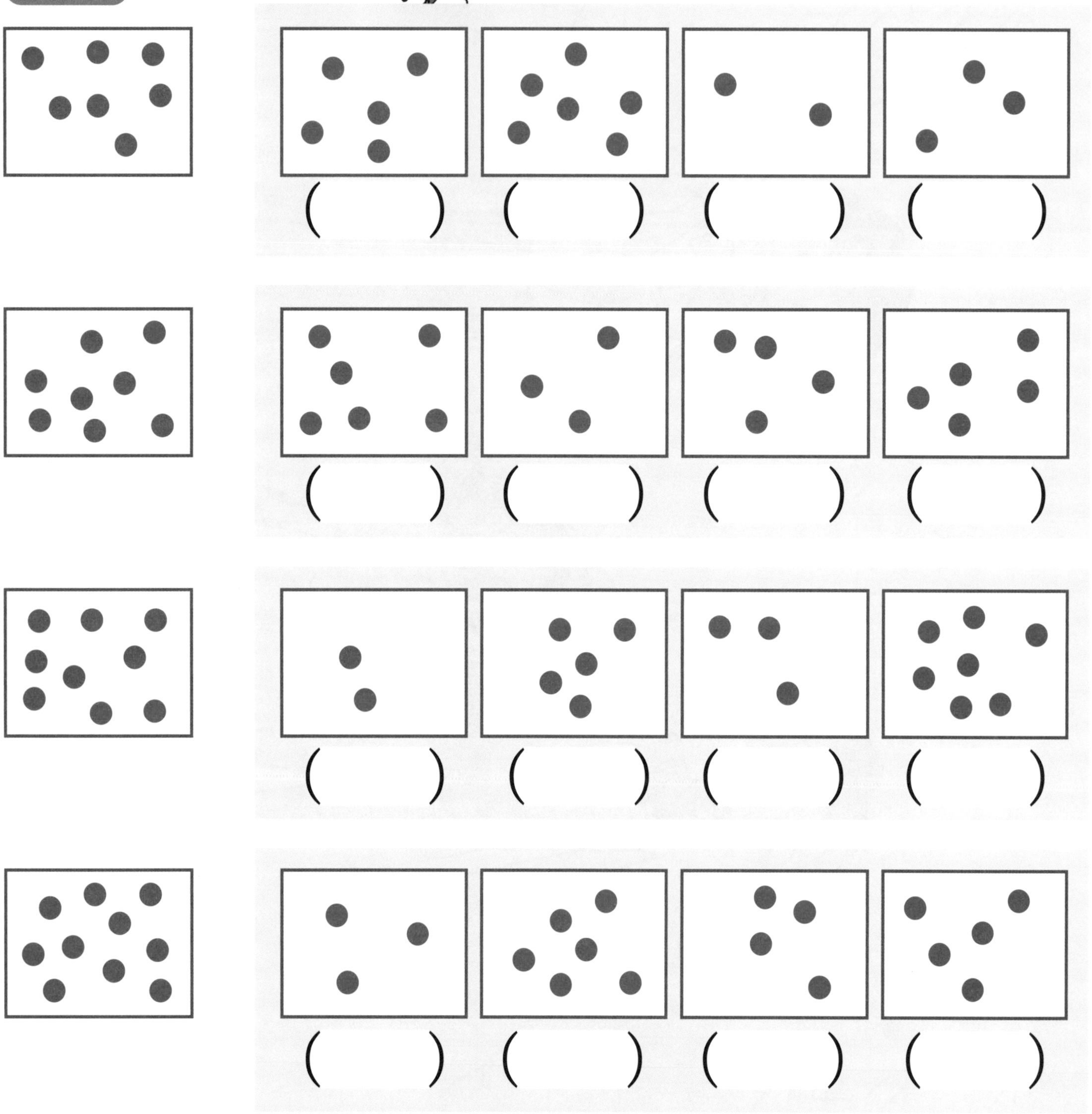

もじ かたかなを かこう①

べんきょうした ひ　がつ　にち

おうちのかたへ　解答は49ページ
かたかなを書く練習です。濁音や半濁音、促音、長音の書き方も覚えます。

● えの なまえを かたかなで かきましょう。

なぞろう

サラダ

カレーライス

メロン

コップ

サラダの ラと おなじだよ。

コップの プと おなじだよ。

カレーライスの スと おなじだよ。

メロンの ンと おなじだよ。

□□ー□

□リ□

さんすうも やろう

さんすう
10
かいめ

かず

10この　おかしを　わけよう！

おうちのかたへ　解答は49ページ
10個のお菓子を分けることを通して，10の構成を理解させます。

レベル ★★☆

べんきょう した ひ	がつ	にち

● 10この　おかしを　ふたつの　さらに　わけます。
いくつと　いくつに　わけられるでしょう。（さら）に
おかしシール（しいる）を　はって，□（しかく）には　あう　かずを　かきましょう。

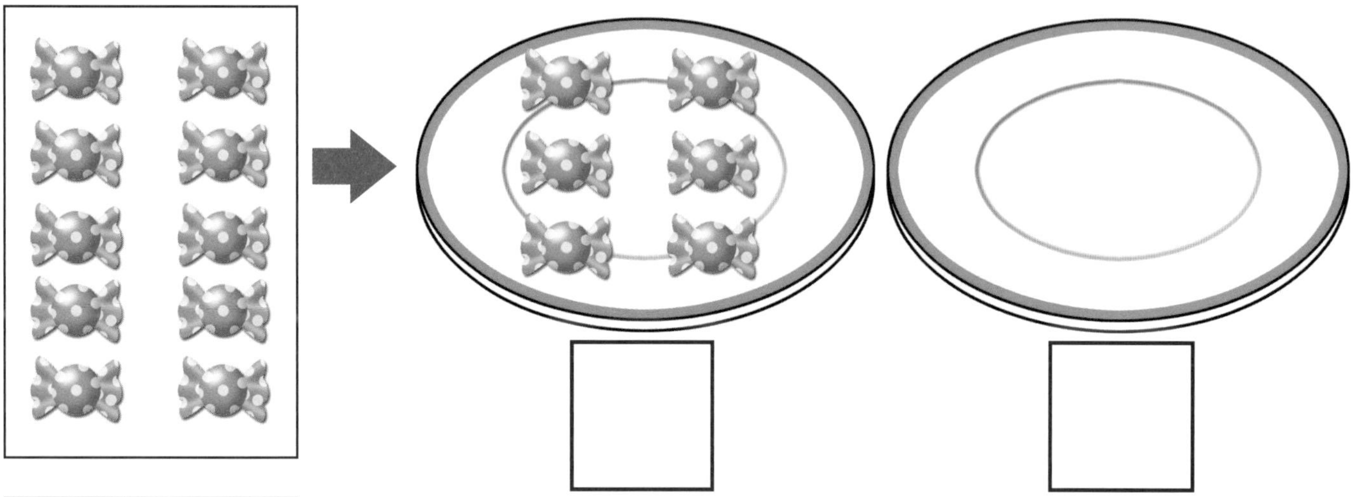

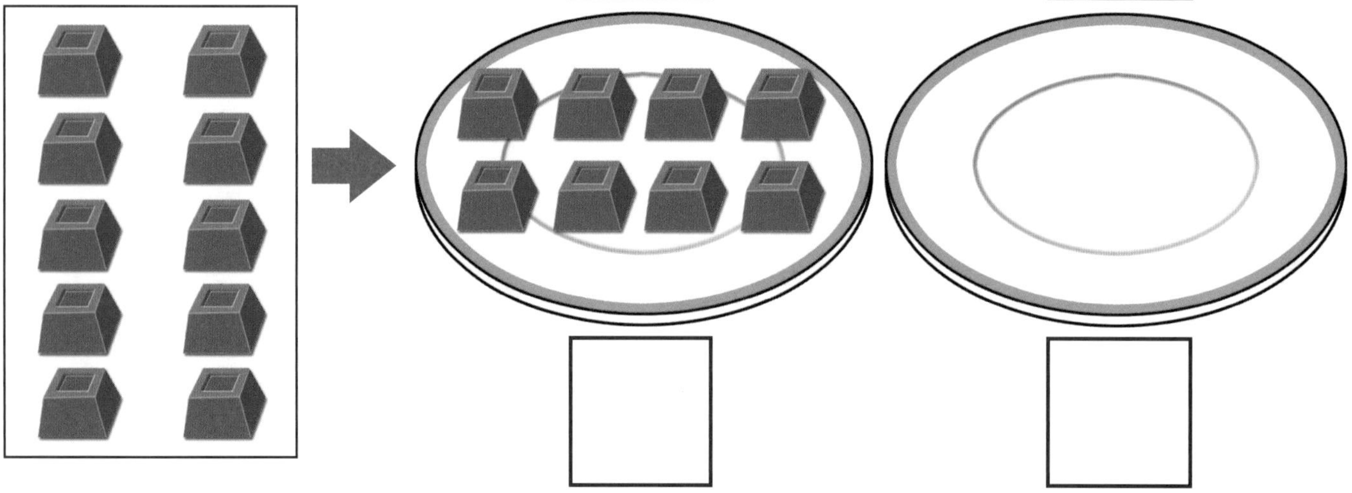

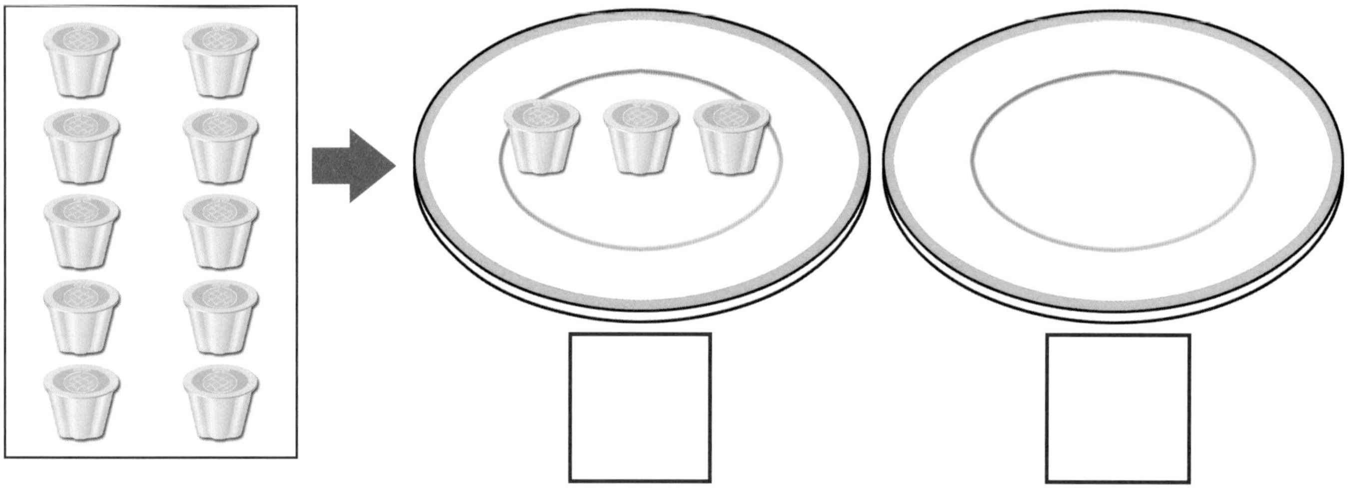

もじ

かたかなを　かこう②

べんきょうした ひ　がつ　にち

おうちのかたへ　解答は50ページ

かたかなを書く練習です。特に長音は、ひらがなと書き方が違うので、しっかりと覚えましょう。

● えの　なまえを　かたかなで　かきましょう。

さんすうも　やろう

さんすう

11 かいめ

かず

おかしを　おおく　もらうには？

おうちのかたへ　解答は50ページ

数の大小を意識して10を分解し，あてはまるすべての場合を考えることで，10の分解的な見方を養うとともに，論理的に考える力を養います。

レベル ★★☆

べんきょうした ひ	がつ	にち

● 10この　シュークリームを　コラショと　キッズで　わけます。コラショが　キッズより　おおく　もらうには，どんなわけかたが　あるでしょう。ぜんぶ　かきましょう。

やりかた

ことば

うごきを　あらわす　ことば

べんきょうした ひ　がつ　にち

おうちのかたへ　解答は50ページ

絵の中の人の動きに合うシールを探しながら、動きを表す言葉の意味を確認し、語いを増やします。

● えの　うごきに　あう　ことばの　シール（しいる）を
□（しかく）に　はりましょう。

さんすうも　やろう

かず

おなじ　かずに　わけよう！

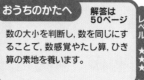

おうちのかたへ　解答は50ページ
数の大小を判断し，数を同じにすることで，数感覚やたし算，ひき算の素地を養います。
レベル ★★★

べんきょう した ひ　　がつ　　にち

● コラショと　キッズの　ケーキの　かずを　おなじに　します。おおい　ほうから　すくない　ほうへ　なんこ　あげれば　よいでしょう。□に　あう　かずを　かきましょう。

やりかた

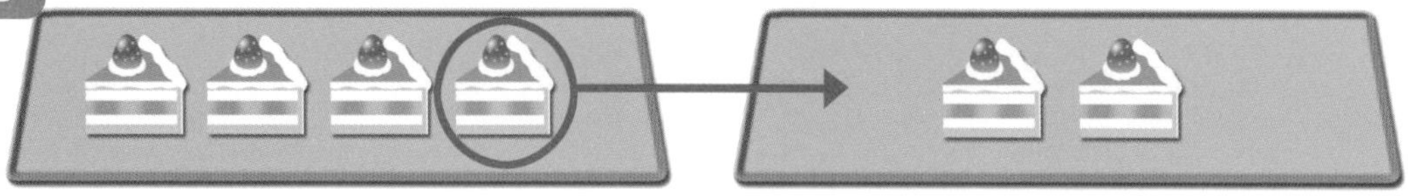

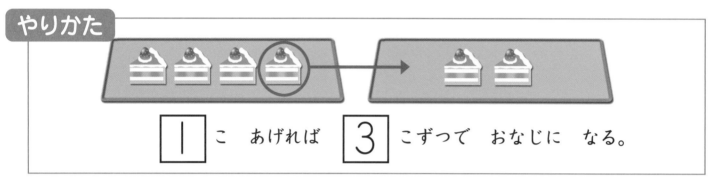

1 こ　あげれば　3 こずつで　おなじに　なる。

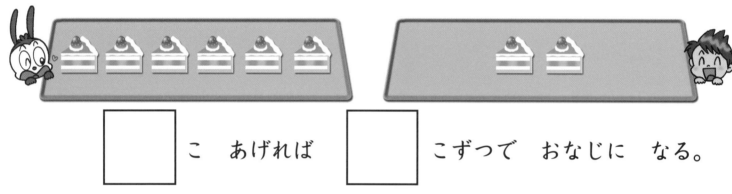

□ こ　あげれば　□ こずつで　おなじに　なる。

□ こ　あげれば　□ こずつで　おなじに　なる。

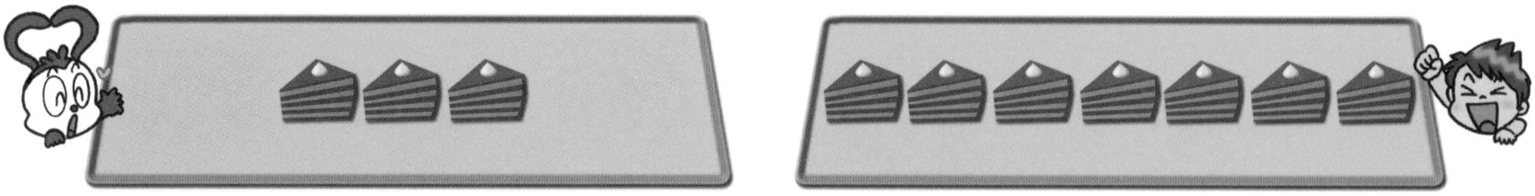

□ こ　あげれば　□ こずつで　おなじに　なる。

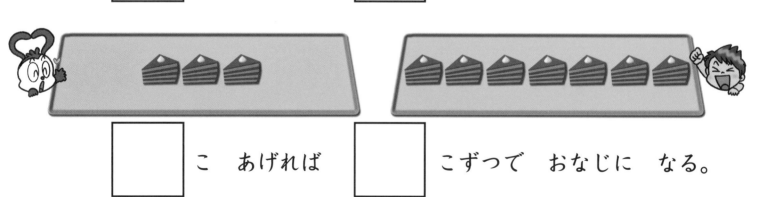

こくご 13かいめ

ことば　ようすを　あらわす　ことば①

べんきょう した ひ　がつ　にち

おうちのかたへ　解答は51ページ
様子を表す言葉の中で、味覚や触覚に関連するものを取り上げています。それぞれの言葉の意味を確認し、語いを増やします。

● えに　あう　ことばを　かきましょう。

なぞろう

どんな　あじ？

ケーキ（けえき）は　あ□い。

レモン（れもん）は　す□□い。

さわると　どんな　かんじ？

おゆは　あ□い。

みずは　つ□□い。

かんだ　ときは、どんな　かんじ？

せんべいは　かたい。

とうふは　や□□□い。

さんすうも　やろう

さんすう

13 かいめ

ずけい

おてほんの　えを　かこう！①

おうちのかたへ　解答は51ページ

左右対称の図を見て，同じようにかくことで，図形の構成についての観察力を養い，図形を構成する力を伸ばします。

レベル ★★☆

べんきょう した ひ　がつ　にち

● おてほんと　おなじように　かきましょう。うすい　せんは　なぞりましょう。

※一度でできなくてもかまいません。楽しみながら何度も試行錯誤することで力がつきます。

おてほん → なぞりながら　かこう → じぶんで　かこう

こくご

14 かいめ

ことば

ようすを　あらわす　ことば②

べんきょう した ひ　がつ　にち

おうちのかたへ　解答は51ページ
様子を表す言葉の中で、太さ・長さなどに関連するものを取り上げています。それぞれの言葉の意味を確認し、語いを増やします。

● えに　あう　ことばを、□（しかく）から　えらんで　かきましょう。
（おなじ　ことばは　いちどしか　つかえません。）

ほそい

みじかい

なぞろう　か

かるい	ながい	ひくい	ふとい	おもい	たかい

さんすうも　やろう

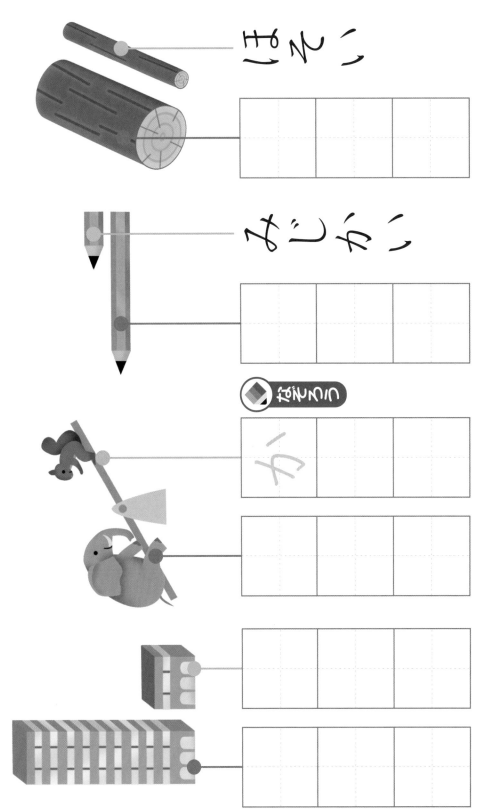

さんすう
14
かいめ

ずけい

おてほんの　えを　かこう！②

おうちのかたへ　解答は51ページ

左右対称でない図を見て，同じようにかくことで，図形の構成についての観察力を養い，図形を構成する力を伸ばします。

レベル★★★

べんきょう した ひ	がつ	にち

● おてほんと　おなじように　かきましょう。
うすい　せんは　なぞりましょう。

※一度でできなくてもかまいません。楽しみながら何度も試行錯誤することで力がつきます。

おてほん → なぞりながら　かこう → じぶんで　かこう

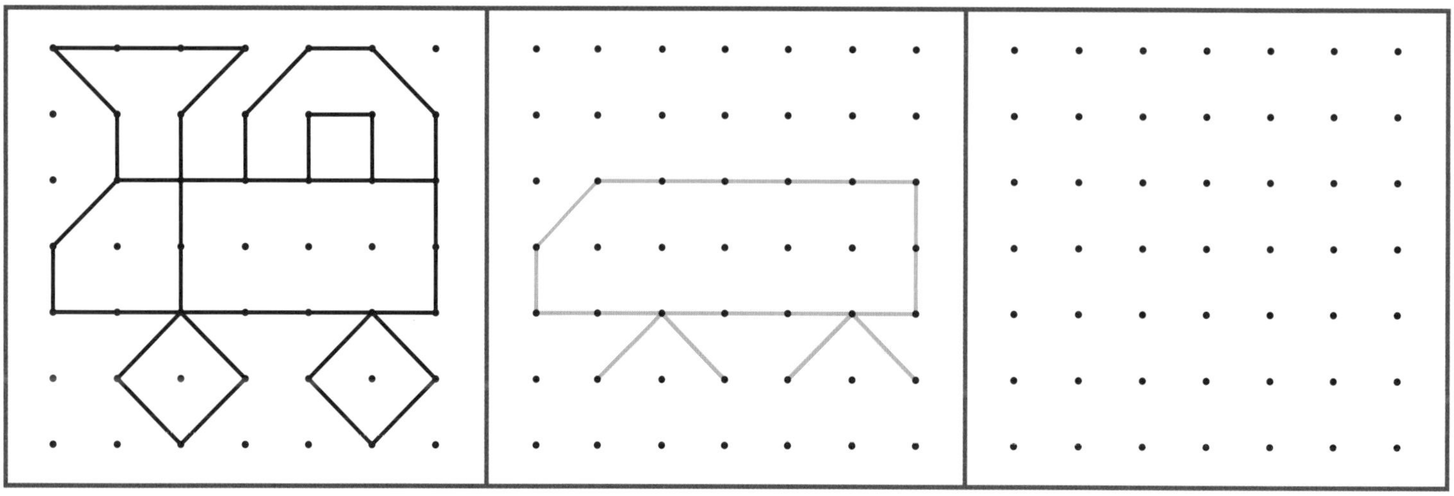

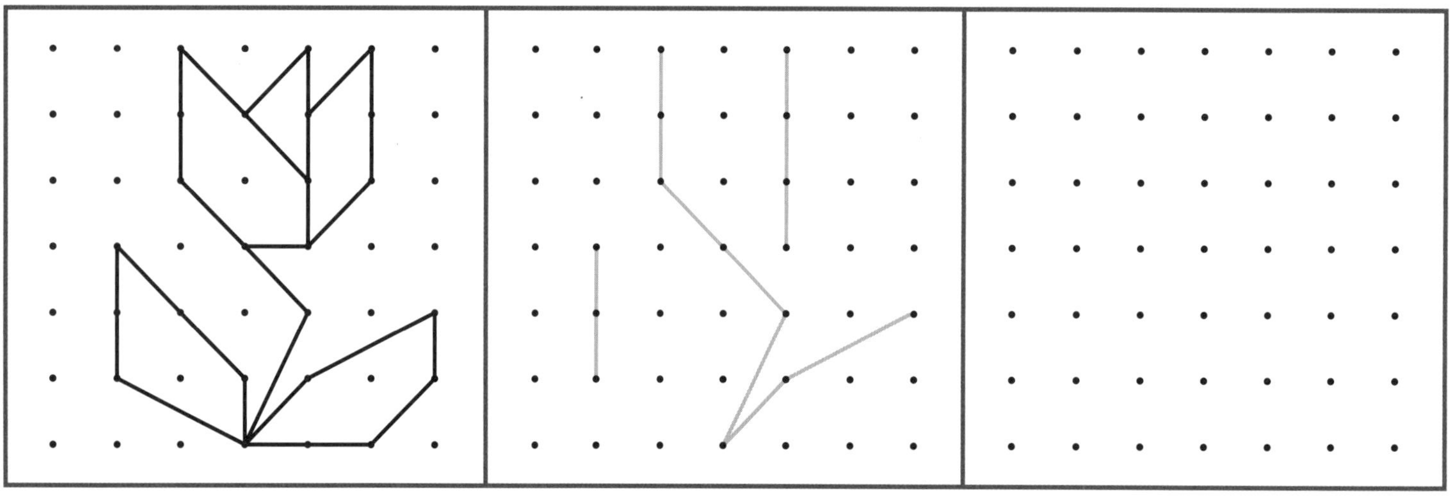

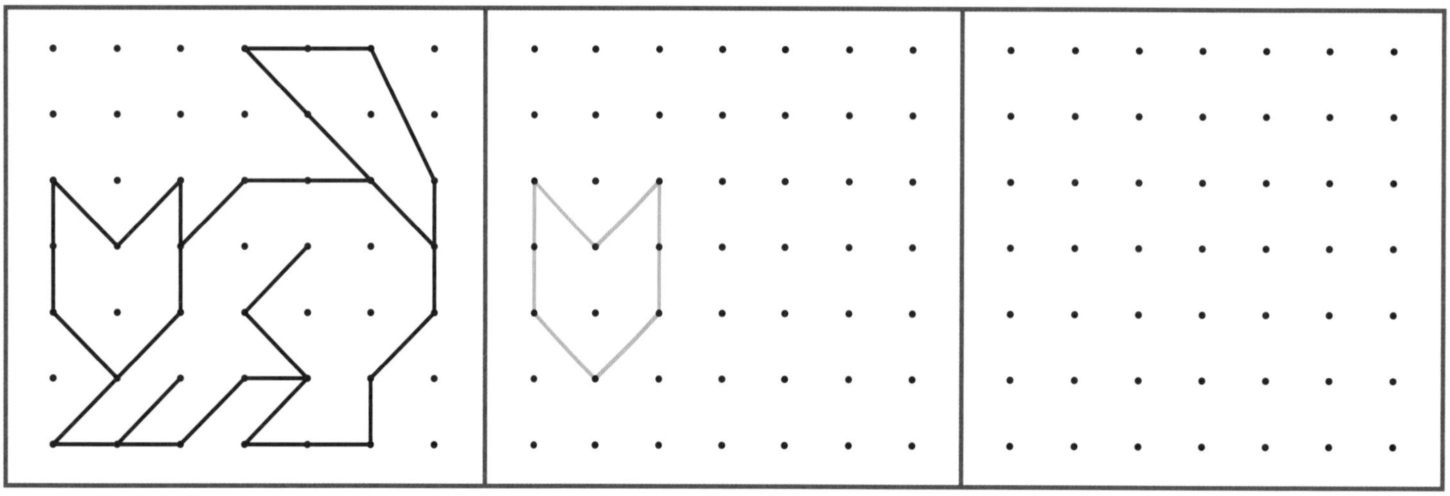

ことば
ぶんづくり

べんきょうした ひ　がつ　にち

おうちのかたへ
絵を見ながら、「誰が（何を）どうする。」の文を作り、主語と述語の意識を持たせます。
解答は52ページ

● □（しかく）から ことばを えらんで かき、えに あう ぶんを つくりましょう。

なぞろう

● （うさぎ）が みずを （のむ）。

● （　　）が ほんを （　　）。

● （　　）が はなを （　　）。

● （　　）が バナナ（ばなな）を （　　）。

~~うさぎ~~
ぶた
~~のむ~~
たべる
たぬき
うえる
きつね
よむ

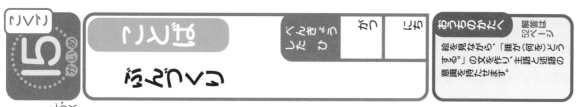

さんすうも やろう

ずけい

まる・さんかく・しかくに いろを ぬろう！①

おうちのかたへ　解答は52ページ

丸・三角・四角を区別して色を塗ることで，丸・三角・四角の特徴を理解させます。大きさ，向きが違っても同じ形だということにも気づかせます。

レベル ★★☆

べんきょう した ひ　がつ　にち

● まるは　あか，さんかくは　あお，しかくは　きいろで ぬりましょう。

よみとり みじかい おはなしを よもう

べんきょうした ひ　がつ　にち

おうちのかたへ　解答は52ページ
短い文章を読んで、誰がどこにいるのかを正確に読み取る練習をします。

● おはなしに あう えに なるように、□（しかく）に シール（しいる）を はりましょう。

「もう　いいかい。」
「まあだだよ。」
　みんなが
かくれんぼを
して　います。
　おには　ぶたです。
いけの　そばに
たって　います。
　うさぎは、いわの
うしろに
かくれました。
　くまは、きの
うしろに
かくれました。
　さるは、くさの
なかに
かくれました。

（「チャレンジーねんせい編集室」書き下ろし）

まず、おはなしを こえに だして よんで みよう。
シールを はりましょう。
シールを はりましょう。
シールを はりましょう。
シールを はりましょう。

さんすうも やろう

さんすう

16 かいめ

ずけい

まる・さんかく・しかくに いろを ぬろう！②

おうちのかたへ　解答は52ページ

丸・三角・四角を区別して色を塗ることで，丸・三角・四角の特徴を理解させます。大きさ，向きが違っても同じ形だということにも気づかせます。

レベル ★★☆

べんきょうした ひ　　がつ　　にち

● まるは　あか，さんかくは　あお，しかくは　きいろで ぬりましょう。

こくご 17かいめ

よみとり
せつめいぶんを よもう①

べんきょうした ひ　がつ　にち

おうちのかたへ　説明文を読んで、話題をとらえたり、書かれている内容を読み取ったりする練習をします。

解答は53ページ

● ぶんしょうを、こえに だして よみましょう。
したの もんだいに こたえましょう。

こうもり

こうもりは、もりの どうくつなどに すんで います。
ひるまは、くらい どうくつの なかで ねむって います。
よるに なると、そとに でて とびまわり、こんちゅうなどの たべものを さがします。

（「チャレンジーねんせい編集室」書き下ろし）

(1) なんと いう いきものに ついて かいて あるでしょう。シール（しいる）を はりましょう。

シール（しいる）を はりましょう。

(2) こうもりは、どこに すんで いるでしょう。（　）（かっこ）に ○（まる）を つけましょう。

（　）やまの うえ

（　）もりの どうくつ

（　）うみの なか

(3) こうもりが、どうくつから そとに でるのは いつでしょう。（　）（かっこ）に ○（まる）を つけましょう。

（　）ひるま

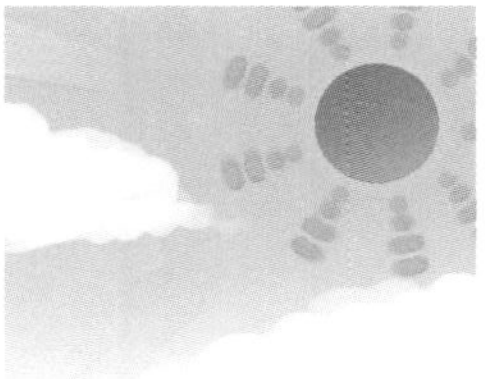

（　）よる

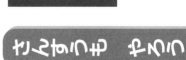

さんすうも やろう

ずけい

どの　つみきを　つかったかな？

おうちのかたへ　解答は53ページ

立体図形としての積み木の面を写し取ってできた平面図形の丸・三角・四角の特徴を理解させます。

レベル★★★

べんきょうした ひ　がつ　にち

● つみきの　かたちを　うつして，えを　かきます。
㋐から　㋔の　どの　つみきを
つかえば　かけるでしょう。

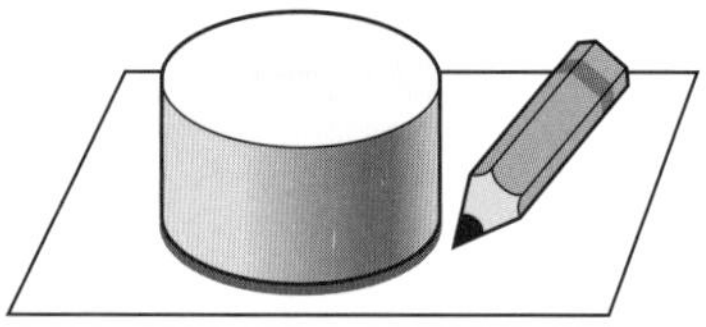

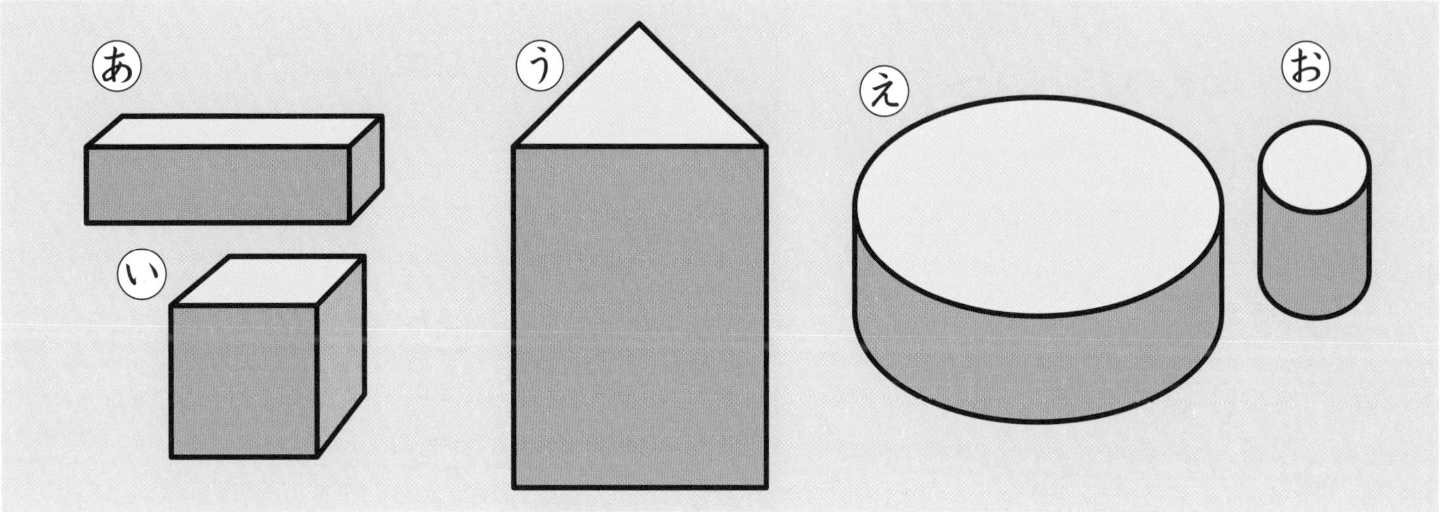

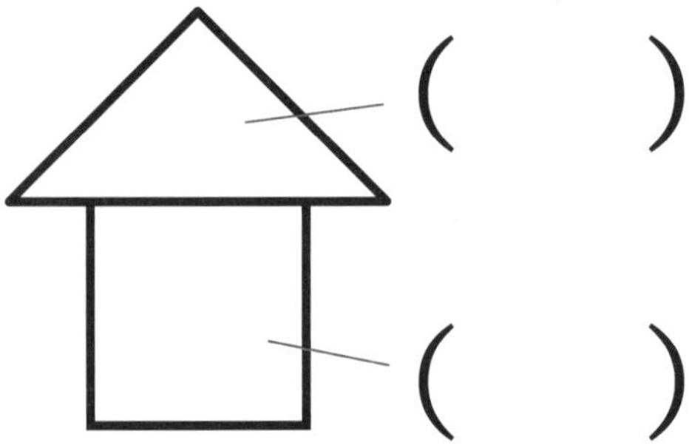

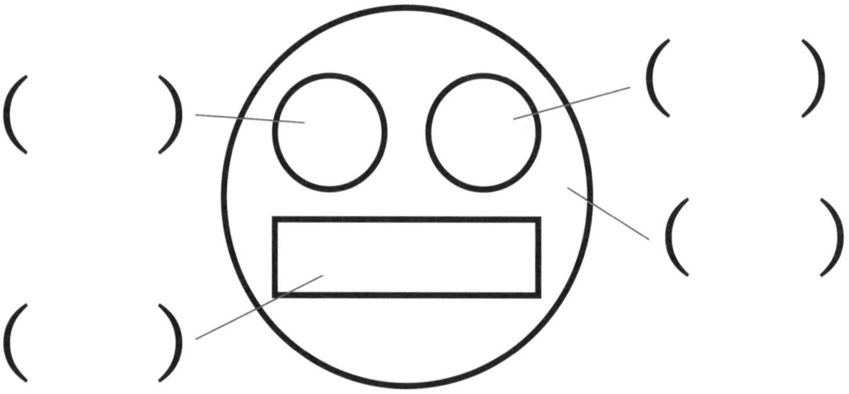

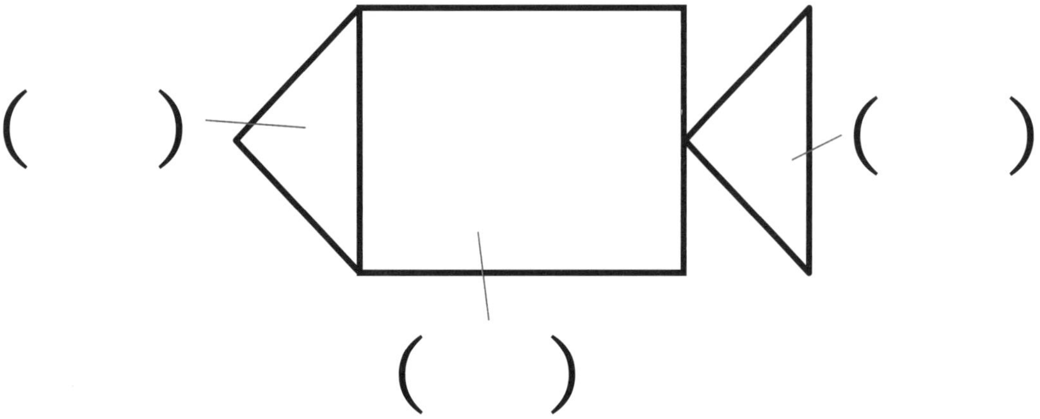

よみとり
ものがたりを　よもう①

べんきょうした ひ　がつ　にち

おうちのかたへ　解答は53ページ
物語文を読んで、登場人物をとらえたり、できごとを読み取ったりする練習をします。

● ぶんしょうを、こえに　だして　よみましょう。
したの　もんだいに　こたえましょう。

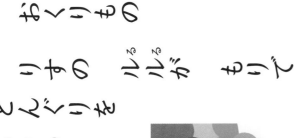

おくりもの

りすの　ルルが　もりで
どんぐりを
あつめて
います。
あつめた
どんぐりを
つなげて、
ネックレスを　つくると、
ルルは、いえに　むかって
かけだしました。
やまを　こえて、
かわを　わたって、ルルは
いえに　つきました。
「はい、たんじょうびの
プレゼントだよ。」
ルルは、おかあさんに
どんぐりの　ネックレスを
あげました。おかあさんは
とても　よろこびました。

（「チャレンジーねんせい編集室」書き下ろし）

(1) だれが　でて　くるでしょう。
シールを　はりましょう。

シールを
はりましょう。

シールを
はりましょう。

(2) ルルは、どこへ　むかって
かけだしたのでしょう。
（　）に　○を　つけましょう。

（　）かわ

（　）いえ

（　）やま

(3) ルルが、おかあさんに　あげた
プレゼントは　なんでしょう。
（　）に　○を　つけましょう。

（　）どんぐりの　にんぎょう

（　）まつぼっくりの　ネックレス

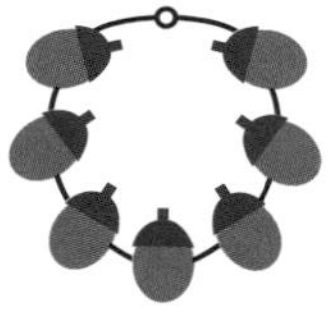
（　）どんぐりの　ネックレス

さんすうも　やろう

ずけい

いろいたで　かたちを　つくろう！

おうちのかたへ　解答は53ページ

色板を使って形を作ることで，図形に対する興味，関心を引き出し，図形を構成する力を伸ばします。

レベル ★☆☆

べんきょう した ひ　がつ　にち

● いろいた を　ぜんぶ　つかって，つぎの　かたちを　つくりましょう。つくれたら，おうちの　ひとに　はなまるを □(しかく) に　かいて　もらいましょう。

いろいたは　シール(しいる)の　まえに　あります。

※うらめんも　つかうよ！

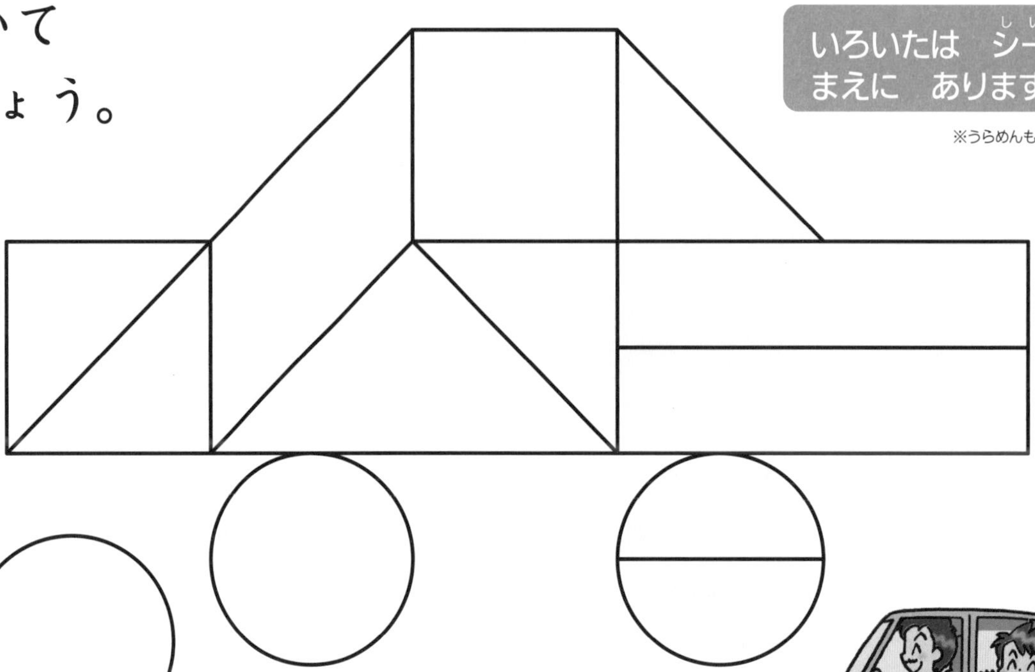

よみとり
せつめいぶんを　よもう②

べんきょうした　ひ　　がつ　　にち

おうちのかたへ　解答は54ページ
少し長い説明文を読んで、話題をとらえたり、問いかけとその答えを読み取ったりする練習をします。

● ぶんしょうを、こえに　だして　よみましょう。したの　もんだいに　こたえましょう。

ぞうの　みみ

　ぞうは、おおきな　みみを　ぱたぱたと　よく　うごかして　います。
　なんの　ために　みみを　うごかすのでしょう。
　それは、からだの　おんどを　さげる　ためです。みみを　うごかして　くうきに　あて、ひやして　いるのです。

（「チャレンジーねんせい編集室」書き下ろし）

(1) なにに　ついて　かいて　あるでしょう。（　）に　○を　つけましょう。

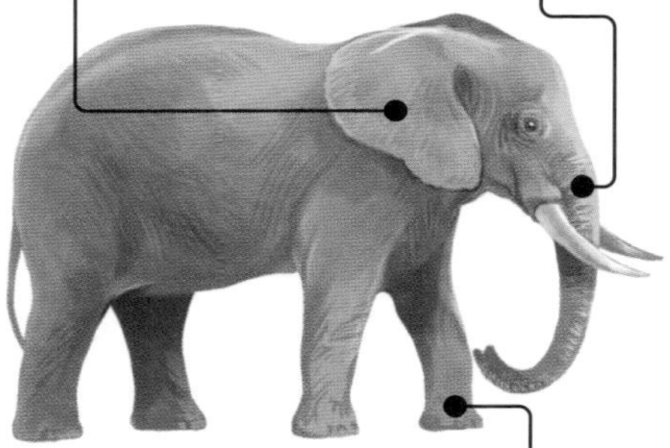

(2) どんな　ことに　ついて　たずねて　いるでしょう。（　）に　○を　つけましょう。

（　）なんの　ために　みみが　あるのかに　ついて。

（　）なんの　ために　みみを　うごかすのかに　ついて。

(3) ぞうは、なんの　ために　みみを　うごかすのでしょう。

からだの　おんどを　□□る　ため。

さんすうも　やろう

ずけい

タングラム(たんぐらむ)で かたちを つくろう！①

おうちのかたへ　解答は54ページ
タングラムを使って形を作ることで，図形に対する感覚を養い，図形を構成する力を伸ばします。

レベル ★★★

べんきょうした ひ　がつ　にち

● タングラム(たんぐらむ)を ぜんぶ つかって，つぎの かたちを つくりましょう。つくれたら，おうちの ひとに はなまるを □(しかく)に かいて もらいましょう。タングラム(たんぐらむ)は シール(しいる)の まえに あります。

※一度でできなくてもかまいません。
楽しみながら何度も試行錯誤することで力がつきます。

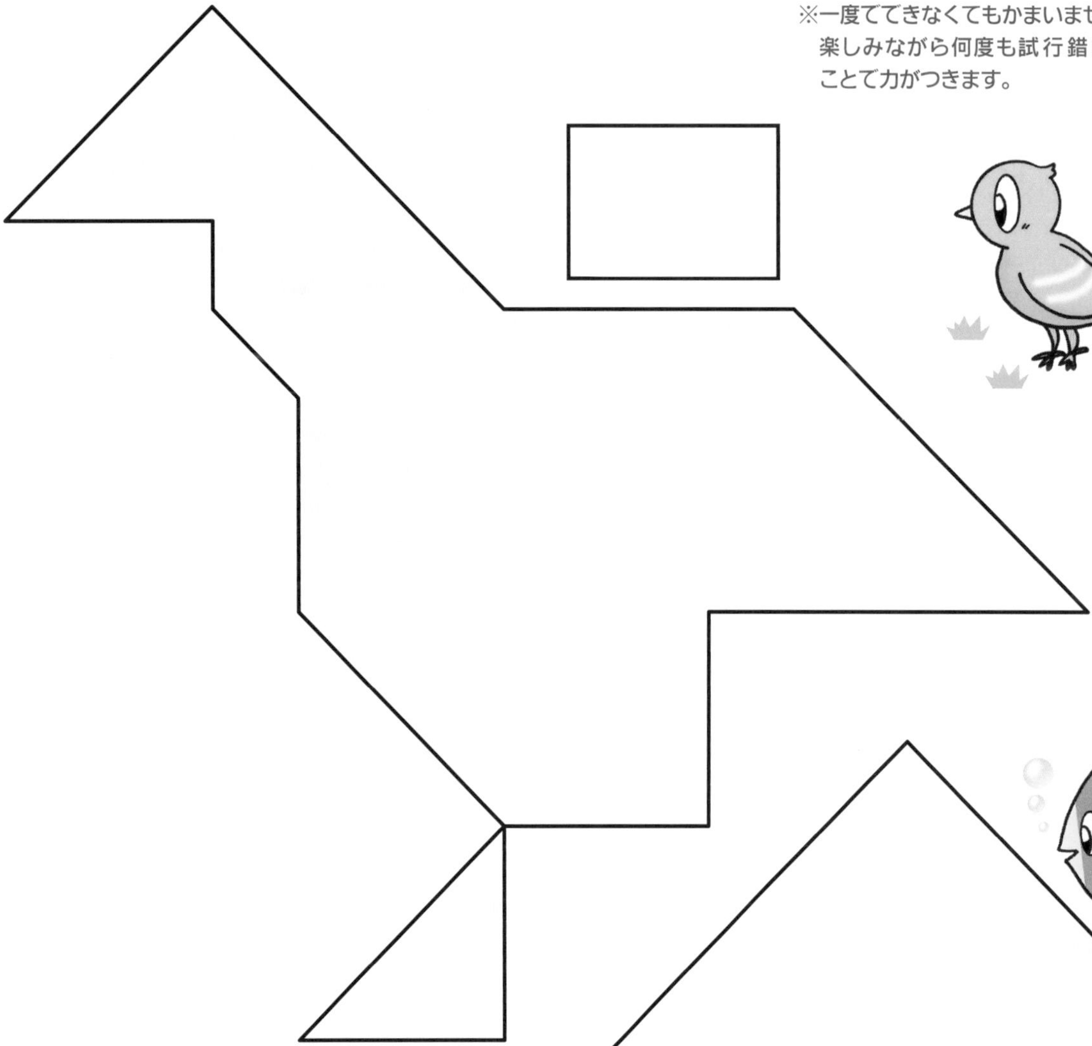

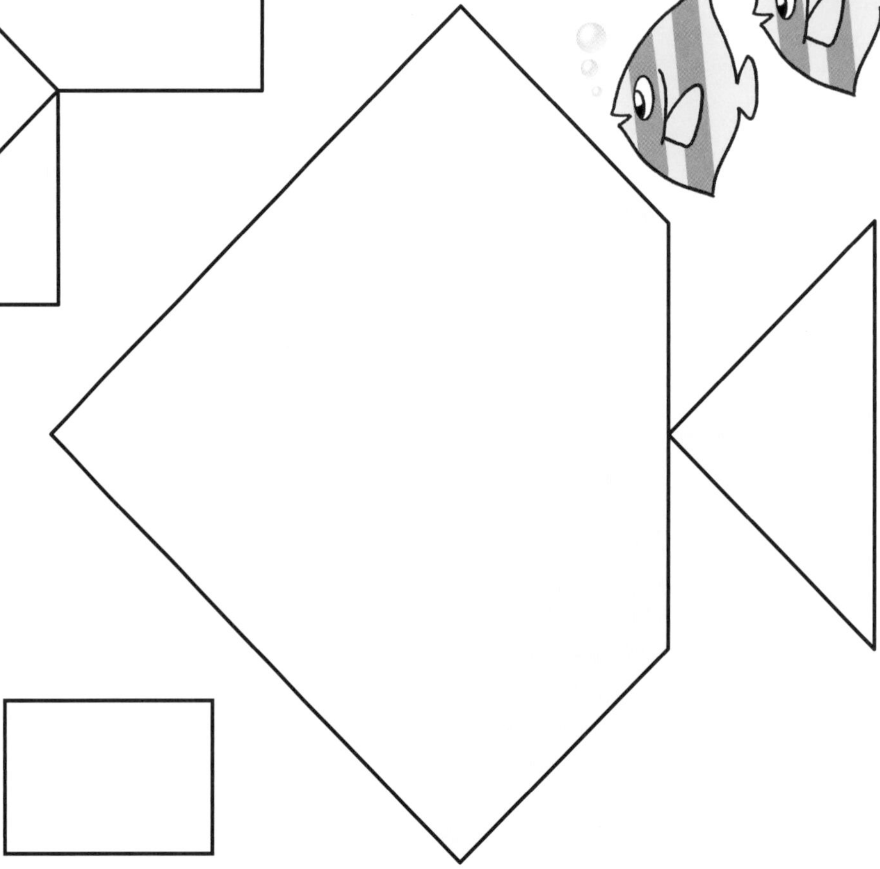

こくご 20かいめ

よみとり
ものがたりを　よもう②

べんきょうした ひ　がつ　にち

おうちのかたへ　解答は54ページ
少し長い物語文を読んで、登場人物をとらえたり、できごとを読み取ったりする練習をします。

● ぶんしょうを、こえに　だして　よみましょう。
したの　もんだいに　こたえましょう。

ふたつの　おむすび

さると　うさぎが、
おおきい　おむすびと
ちいさい　おむすびを
とりあって　けんかを
して　いました。
そこへ、きつねが
やって　きて　いいました。
「ふたつを　おなじ
おもさに　して
ひとつずつ　わければ
いいよ。」
きつねは、
おむすびを
はかりに
のせました。
「こっちの
ほうが
おもいぞ。」
きつねは、そう　いうと、
おおきい　ほうの
おむすびを
ひとくち　ぱくり。
「こんどは　こっちが
おもいぞ。」
もう　ひとつを、ぱくり。
そう　して、いつのまにか
ぜんぶ　たべて
しまいましたとさ。

（「チャレンジーねんせい編集室」書き下ろし）

(1) けんかを　して　いたのは、
だれと　だれでしょう。
シール（しいる）を　はりましょう。

シール（しいる）を はりましょう。　シール（しいる）を はりましょう。

(2) なにを　おなじ　おもさに
するのでしょう。

ふたつの ＿＿＿＿

(3) おむすびを、ぜんぶ　たべたのは
だれでしょう。
（　）（かっこ）に　○（まる）を　つけましょう。

（　）さる
（　）うさぎ
（　）きつね

さんすうも　やろう

タングラムで　かたちを　つくろう！②

おうちのかたへ　解答は54ページ
タングラムを使って形を作ることで，図形に対する感覚を養い，図形を構成する力を伸ばします。

レベル ★★★

べんきょう　した　ひ　がつ　にち

● タングラム を　ぜんぶ　つかって，つぎの　かたちを　つくりましょう。つくれたら，おうちの　ひとに　はなまるを □ に　かいて　もらいましょう。 タングラムは　シールの　まえに　あります。

※一度でできなくてもかまいません。
楽しみながら何度も試行錯誤することで力がつきます。

教え方がわかる

解答

おうちのかたへ

この時期は試行錯誤しながら楽しく取り組むことが大切な時期です。よく考えて解く問題を取り入れているので、お子さまが悩んでいるときには解答をご参考に声をかけてあげてください。間違えた場合には、挑戦したことをまずほめてあげたうえで、解答の教え方に従い教えてあげてください。そうすることで、考えるおもしろさを感じ、また取り組もうという姿勢も身についていきます。

学習習慣・学習の仕方チェック

解答のまるつけをする際に、下記の項目についてもご確認ください。ワークに取り組み終えましたら、チェックをしてみてください。「ぱっちり」が多いほど、このワークを通して小学校スタートに向けて、「学習するための習慣・姿勢」が身につけられています。「もういっぽ」があった場合も、これから意識しながら学習することが大切ですので、あせらず、ゆっくり身につけさせてあげられるよう、ひと声かけてあげてください。

あてはまるものに☑(チェック)してください。

	チェック項目	ばっちり	だいたい	もういっぽ
学習習慣	☆自分からワークに取り組む	□	□	□
	☆計画性を持ってこつこつ取り組む	□	□	□
	☆「まるつけして」と言いにくる	□	□	□
学習の仕方	☆鉛筆を正しく持つ (55ページをご参照ください)	□	□	□
	☆正しい姿勢で取り組む (55ページをご参照ください)	□	□	□
	☆パズルやワークを片づける	□	□	□

「チャレンジ1年生」では、上記のような学習習慣と学習の仕方を大切に考え、1年間かけて身につけていけるようなプログラムを用意しています。

監修のことば

全体監修

八木義弘

ベネッセ教育総合研究所顧問
元公立小学校校長
元東京都算数教育研究会会長

入学の準備では、こんなことをしてほしい

4月から小学校生活のスタートとなる一年生、お子さまはもちろん、おうちの方も、とても楽しみな時期でしょう。

半面、一年生になる前にどんな準備をすればよいのだろうと、不安もお持ちかもしれません。この入学前の時期、勉強について大切なことは、「勉強が楽しみになる気持ち」と「勉強に取り組む習慣づくり」です。

そのために、毎日の生活の中で、短い時間でもいいので、一年生の学習の準備に一緒に取り組む時間をつくってあげてみてください。おうちの方からの「少しやってみようか」「ここまでできたの、すごいね！」などの言葉はお子さまの取り組みの原動力です。「入学の準備ワーク」で、一年生のスムーズなスタートづくりを応援します。

一年生の国語ではこんな学習をします

学校では入学当初からひらがな、9月頃からかたかな・漢字を学習していきます。また文字を読む学習はひらがなを書くことと並行して行われます。文字を読んだり、書いたりすることは、あらゆる学習の基礎・基本につながります。そして、だんだんまとまりのある文章が読めるようになると、内容を理解しているかなどの読み取りの学習が始まります。

一年生の算数ではこんな学習をします

数、量、図形の素地作りとなる勉強をします。具体的には、ものの数を数えることなどを通じて数の意味や表し方についての理解、そしてたし算、ひき算の意味を理解し、その計算をいろいろな場面で使えるようにします。またものの長さを比較し、測定の基礎になる経験を通じて量の感覚を養ったり、身近な立体について積み木遊びなどを通して、図形感覚を育んでいきます。

さんすう

高田美代子

元東京都新宿区立戸塚第三小学校校長。同校での子どもたちに思考力をつけるための取り組みは、NHKニュースでも取り上げられた。著書に「小学校教師OKシリーズ」全5巻（東洋館出版社）などがある。

「どちらが多い」「同じ形はある？」など生活の中で考える機会づくりを！

年長期に大切なことは、一年生の学習内容の先取りではなく、実体験を通じて数や数量の感覚、図形に対する見方などを養うことです。与えられた課題に対して、どうしたら解決できるかという経験をつませることで数学的なセンスが身についていきます。自分で考えたり、経験することで理解も深まります。算数という教科としての学習が始まる前に、ぜひ生活の中で、「どちらが多いのか」「同じ形はないか」など考える機会を与えてください。

1かいめ

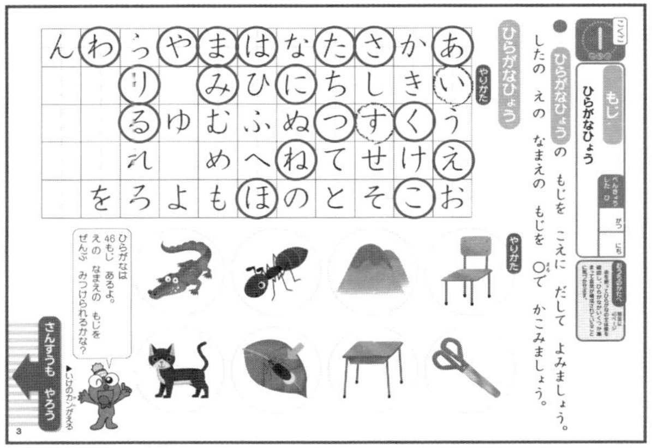

まず、絵の名前を声に出して言ってから、文字を見つけましょう。まだ読めないひらがながあるお子さまには、「この絵は何かな。そう、『はさみ』だね。『さ』『は』はこれだよ。『さ』は～。続けて読んでみよう。『は』『さ』『み』だね。」のように、おうちのかたが、ひらがなひょうに一字ずつ○をつけながら文字を確認し、できたら文字を指さしながら言葉を言ってみましょう。

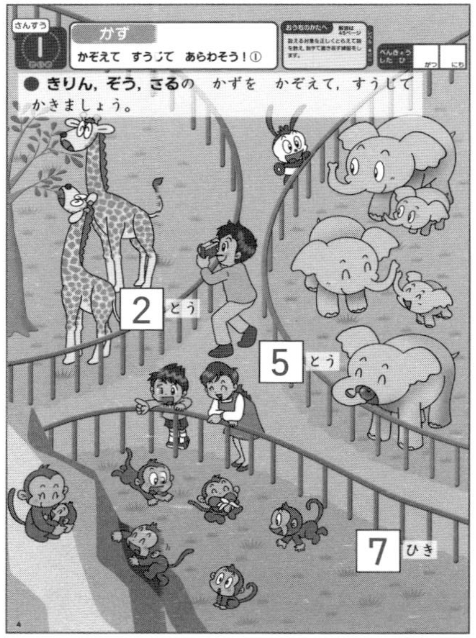

数えるものをひとつずつ指さしながら数を声に出して数えさせるとよいでしょう。数えまちがいをしていたら，数えたものに鉛筆で印をつけておくと，数えもれや，重複して数えることがなくなることを教えてあげましょう。5は書き順のまちがい，7は鏡文字（⌐と書いてしまう）のまちがいが多い数字です。気をつけて書かせましょう。

2かいめ

まず、絵の名前を声に出して言ってから書きましょう。わからない文字は、1回目のひらがなひょうで確認しましょう。

濁点（゛）、半濁点（゜）は文字の右上に、小さい「っ」はますの右上に書くことを確認しましょう。

数えるものをひとつずつ指さしながら数を声に出して数えさせるとよいでしょう。数え終わったら，「りんごは6個」のように助数詞をつけて数えたものの数を表現させ，数えるものによって助数詞がちがうことにも気づかせてあげましょう。8・9・10は書き順のまちがいが多い数字です。気をつけて書かせましょう。

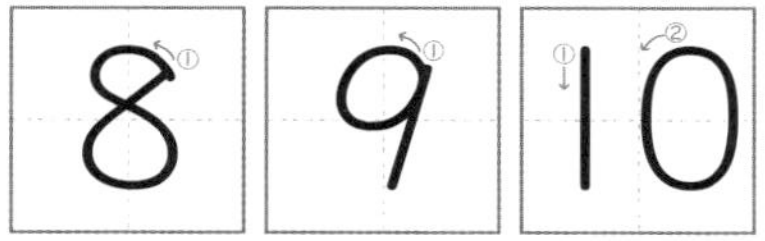

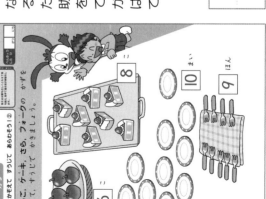

こくご

解答

さんすう

3かいめ

こくご

小さい「ゃ」「ゅ」がますの右上に書けているか確認してください。

また、次のようなまちがいが多いので、正しい書き方を確認しましょう。

×「ごぼお」
×「きゅり」
×「ほおれんそお」

さんすう

初めに数えるものを探して○などで囲んでおくとよいでしょう。また，数えもれや，重複して数えることを防ぐために，数えたものに鉛筆で印をつけながら数えるよう促しましょう。数え終わったら，「さめは3びき」「かめは4ひき」「たいは10ぴき」のように助数詞をつけて数えたものの数を表現させ，「ひき」の助数詞は数によって「びき」「ひき」「ぴき」とちがうことに気づかせるとさらによいでしょう。

4かいめ

こくご

「えんぴつ」の「つ」と「がっこう」の「っ」の音の違いを、言葉を声に出して読むことで確認しましょう。まだひらがなを書き慣れていない今の時期は、声に出して読みながら書くことをくり返し、音と表記を一致させることが大切です。

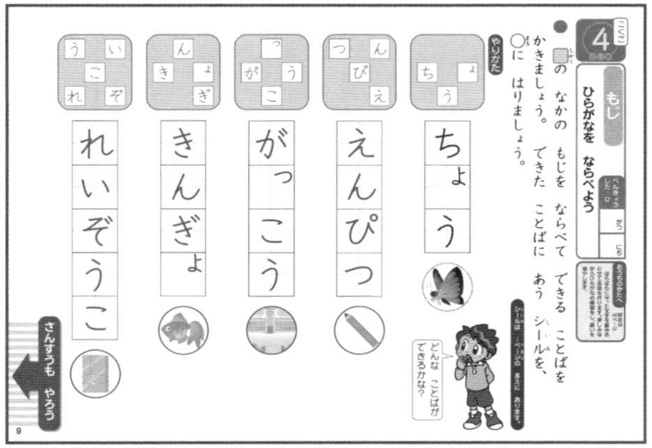

さんすう

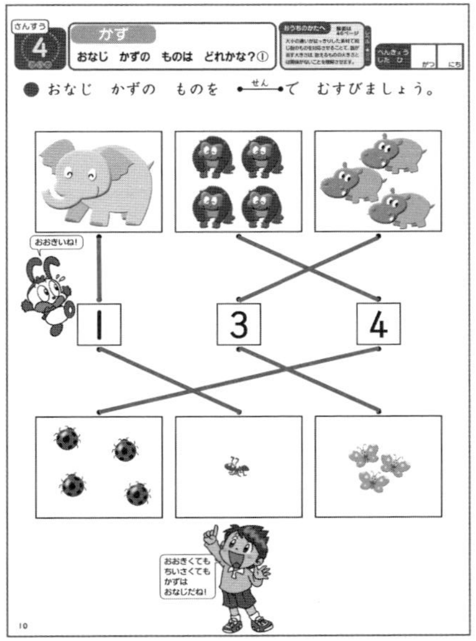

同じ数のものを線で結べたら，「大きい象1頭も小さいアリ1匹も，数は1で同じだね」などと声をかけて，数えるものの大きさにはとらわれなくてよいことを言葉で確認してあげましょう。

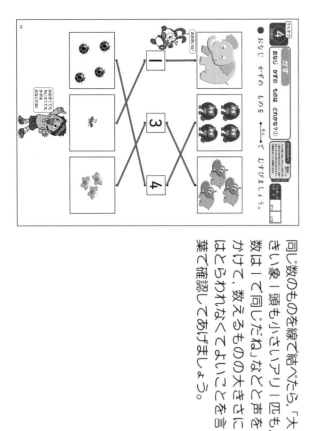

こくご　解答　さんすう

5かいめ

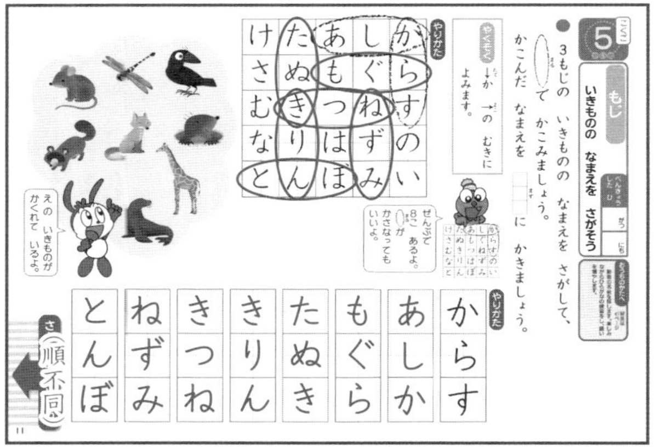

まず、縦にも横にも読んでよいこと、「あしか」「からす」の「か」のように、同じ文字をくり返し使ってもよいことを確認しましょう。
難しい場合は、イラストをヒントに、『きりん』の文字はどこにあるかな。」などと聞いてみましょう。

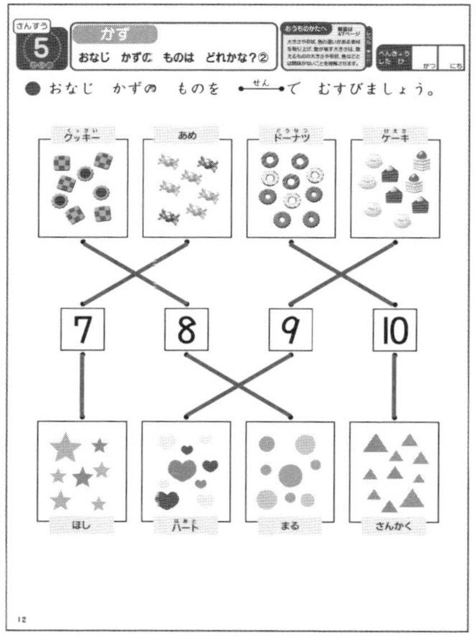

「クッキーの数というときは，種類が違っていてもクッキーを全部数えるよ。いくつ　あるかな？」「星の数というときは，大きい星も小さい星も，色が違っていても星を全部数えるよ。いくつあるかな？」などと声をかけて，取り組ませるとよいでしょう。

6かいめ

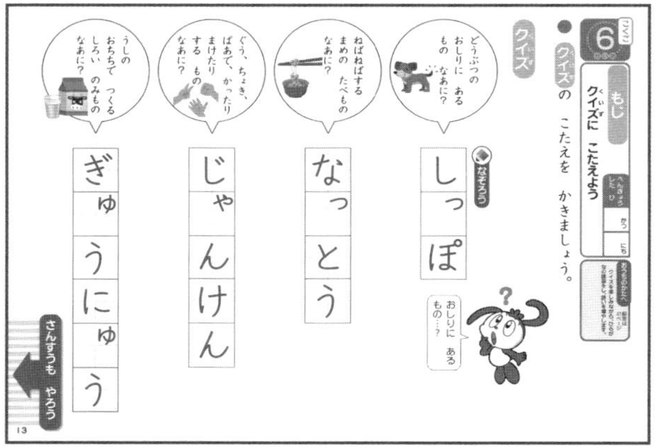

クイズの答えがわからないときは、二文字目も教えましょう。
促音と長音が組み合わさった「なっとう」や、拗長音が二つ入った「ぎゅうにゅう」は、特にまちがえやすい言葉です。まちがえた場合は、まちがえた言葉をおうちのかたが声に出して読んで、どこをまちがえているのかに気づかせるとよいでしょう。

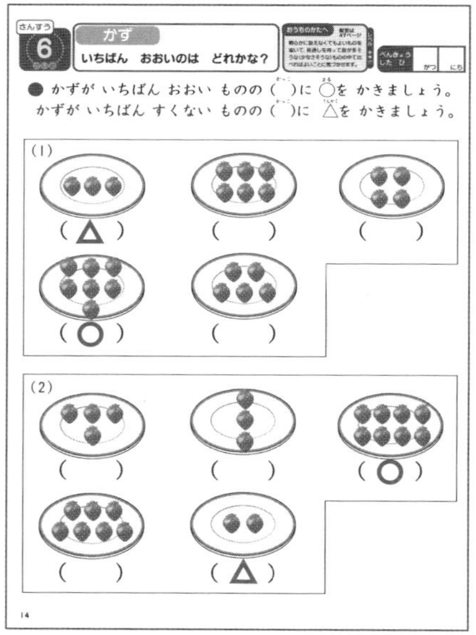

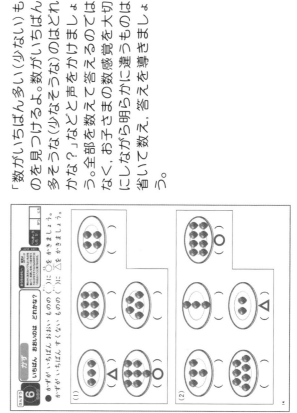

「数がいちばん多い（少ない）ものを見つけるよ。数がいちばん多そうな（少なそうな）のはどれかな？」などと声をかけましょう。全部を数えて答えるのではなく，お子さまの数感覚を大切にしながら明らかに違うものは省いて数え，答えを導きましょう。

こくご

解答

さんすう

7 かいめ

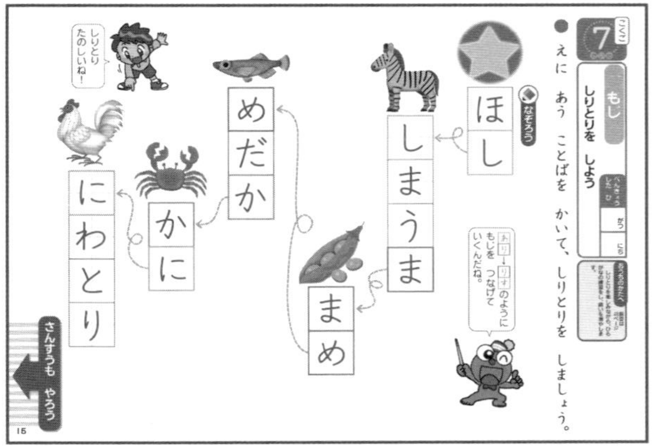

まず、前の言葉の最後の文字が次の言葉の初めの文字になるという、しりとりのルールを確認しましょう。わからないときは、「しまうまの最後は『ま』だから、ここには『ま』が入るよ。絵に合う『ま』から始まる言葉は何かな。」と声をかけましょう。全部できたら、「にわとり」のあとに、しりとりで言葉を続けてみるとよいでしょう。

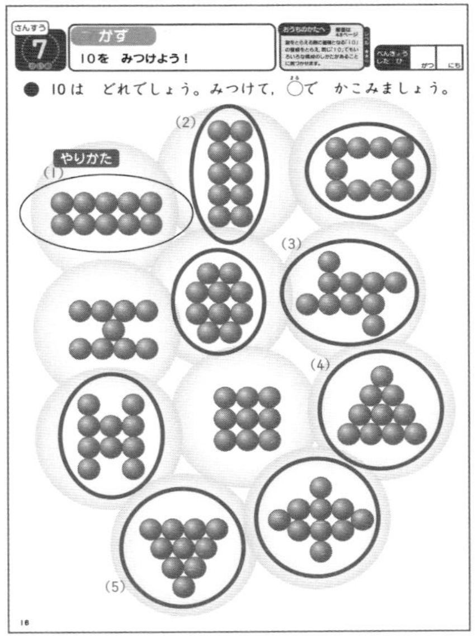

(1)と(2)，(4)と(5)は向きが違いますが，同じ形です。(3)のボールを２個動かすと(1)の形になります。並び方から「１０」を上手に見つけることもできます。「１０」の並び方を上から見て，(1)では「５と５で１０」などと言ってみましょう。「１０」の構成の理解が深まります。同じ形でも，(3)は上から見ると「１と４と４と１で１０」，左から見ると「１と３と２と３と１で１０」など違ったとらえ方もできます。

8 かいめ

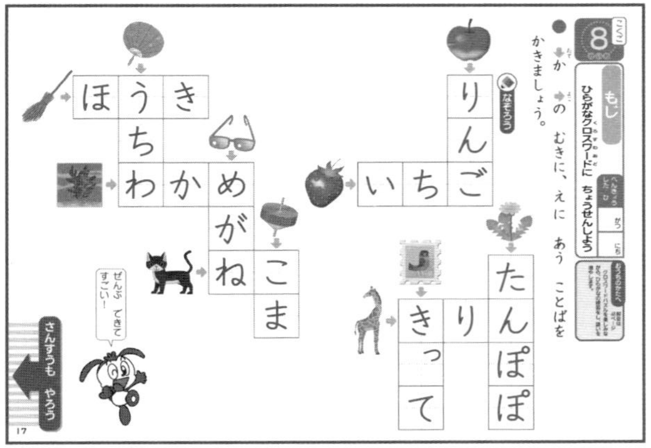

まず、縦に読む言葉と横に読む言葉があることと、「いちご」と「りんご」のように同じ文字を二つの言葉で使うことを、ルールとして確認しましょう。わかるところから埋めていくことで、いつのまにか言葉ができていくおもしろさを感じられるとよいでしょう。

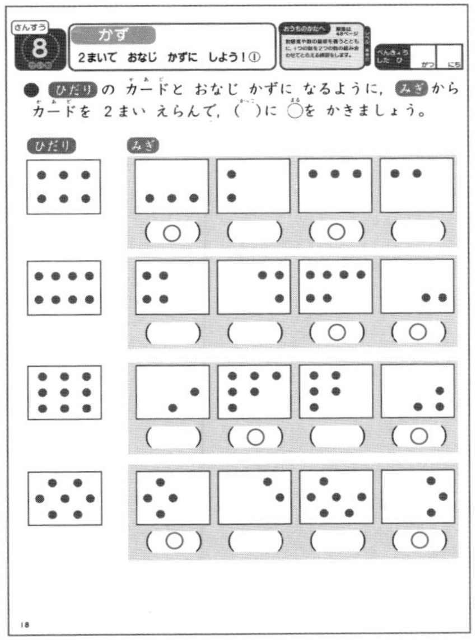

左と右のカードの●の位置が同じなので，●の位置を見て直感で２枚のカードを選び，数を数えて確かめるというように取り組ませるとよいでしょう。直感で選んだ２枚が違っていたら，違うカードに変えて数を数えるということをくり返し，正しい２枚を選べるよう導いてあげましょう。４枚から２枚を選ぶという難しい形式の問題ですが，お子さまの数感覚や図形感覚を大切にしながら取り組ませてあげてください。

9かいめ

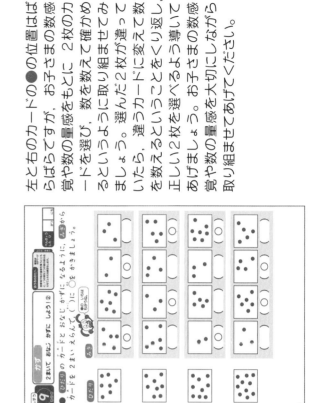

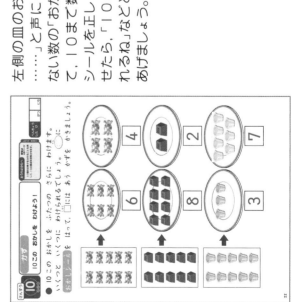

かたかなを一字一字指でたどりながら、声に出して読んでみましょう。難しければ、おうちのかたと一緒でもかまいません。何度も読んで、目に触れる中で、しだいに覚えて読めるようになっていきます。

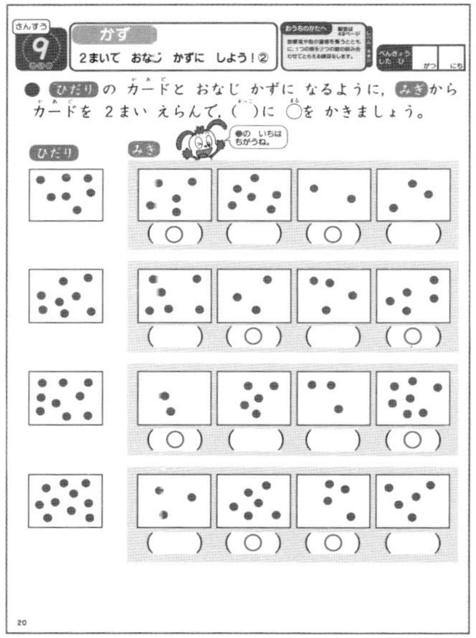

左と右のカードの●の位置はばらばらですが，お子さまの数感覚や数の量感をもとに　2枚のカードを選び，数を数えて確かめるというように取り組ませてみましょう。選んだ2枚が違っていたら，違うカードに変えて数を数えるということをくり返し，正しい2枚を選べるよう導いてあげましょう。お子さまの数感覚や数の量感を大切にしながら取り組ませてあげてください。

10かいめ

かたかなの長音は、ひらがなと違って「ー」を使って表すことを確認しましょう。「カ」や「リ」はひらがなと形が似ているので、違いを確認しましょう。

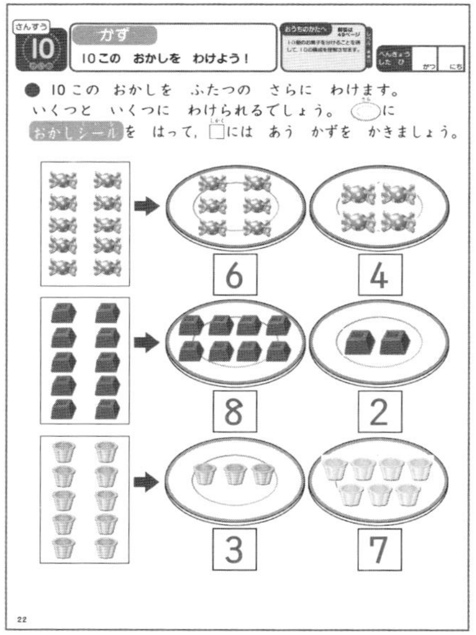

左側の皿のお菓子を「1，2，3，……」と声に出して数え，足りない数の「おかしシール」をはって，10まで数えさせましょう。シールを正しくはって数字で表せたら，「10は6と4に分けられるね」などと言葉で確認してあげましょう。

解答

こくご

11かいめ

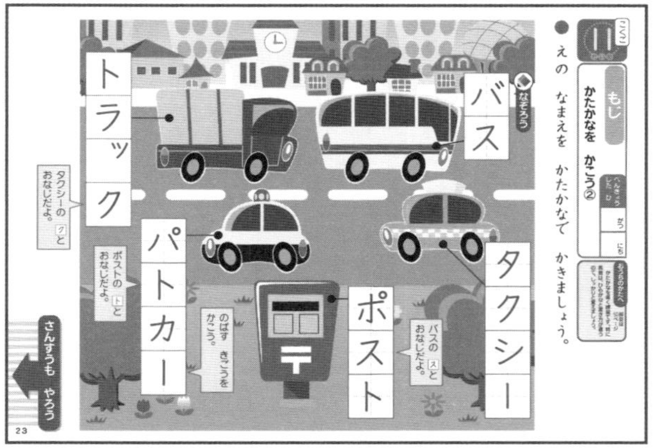

自分で言葉を書くときは、「ー」(長音符号)を忘れて、「タクシ」などと書くまちがいが多く見られます。声に出して読ませ、音の違いを確認しましょう。また、「タ」と「ク」は形が似ていて混同しやすいので、違いを確認しましょう。

さんすう

11かいめ

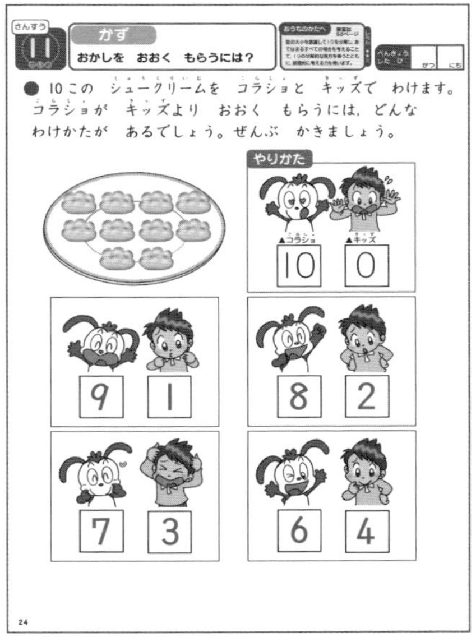

とまどっているようでしたら、あめなどご家庭にあるお菓子を使って、実際に一方が他方より多くなるように分けてみましょう。すべての分け方を考えるようにしましょう。「やりかた」をもとにコラショの数を１０から１つずつ減らして順序よく考えることができるとすばらしいです。

※数の組み合わせが合っていれば、解答の位置が違っていても構いません。

こくご

12かいめ

「なでる」、「ほす」、「つる」などの少し難しい言葉は、『なでる』は、動物の頭などを手でやさしくさするごとだよ。」などと、おうちのかたが意味や場面の状況を説明してあげるとよいでしょう。

【その他の動きをしている人】
のむ
はしる
など

さんすう

12かいめ

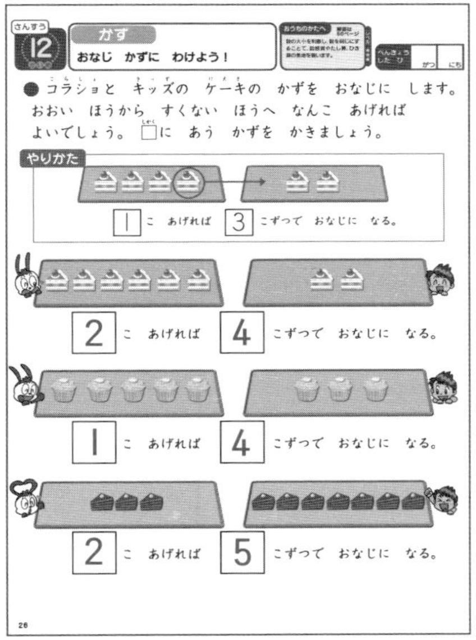

「やりかた」にあるように多いほうの何個を少ないほうへあげればよいか，○などで囲んで１個ずつ移して考えるとよいでしょう。わかりにくいようでしたら，あめなどご家庭にあるお菓子を使って，実際に多いほうから１個，２個と少ないほうへ移して考えさせましょう。

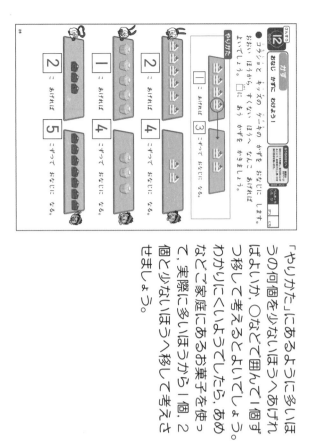

13かいめ

こくご

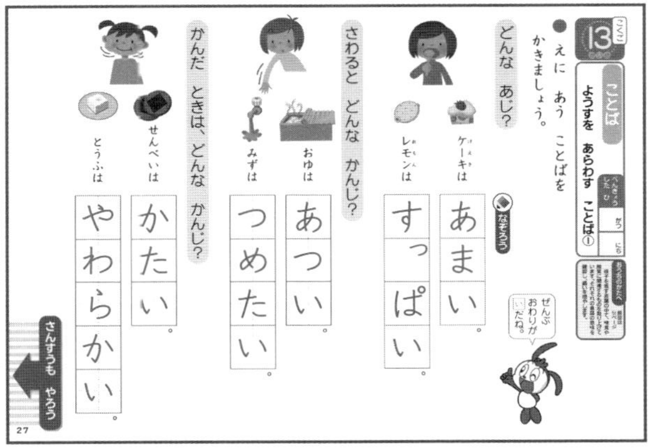

とまどっている場合は、「ケーキは、どんな味がするかな。甘いかな、しょっぱいかな。」と問いかけてみましょう。
他にも、味を表す言葉を探して、どんな食べ物に使うかを考えてみるとよいでしょう。

【その他の味を表す言葉】
からい・しょっぱい・にがい

など

さんすう

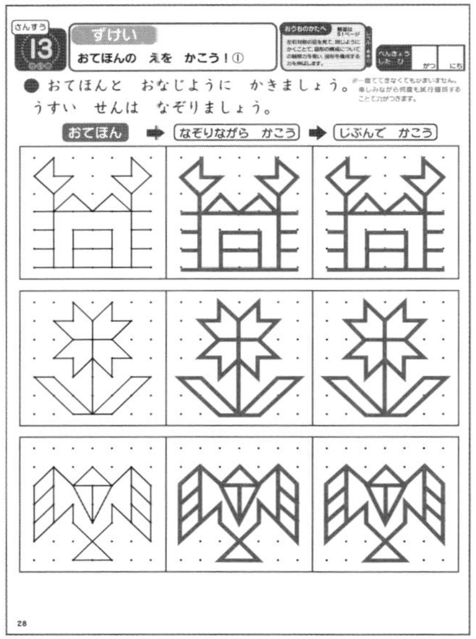

お手本を見て，フリーハンドで丁寧にかかせましょう。お子さまのかきやすいところから，かきやすい順に取り組ませましょう。点の位置の決め方が難しいので，とまどっていたら，どこか1本かき始めの線を示してあげるとよいでしょう。かけたら，ほめてあげてください。最初からお手本通りにかくことはとても難しいことです。何回か試行錯誤するうちに，だんだんかけるようになってきますので，楽しみながら何度も取り組めるとよいでしょう。

14かいめ

こくご

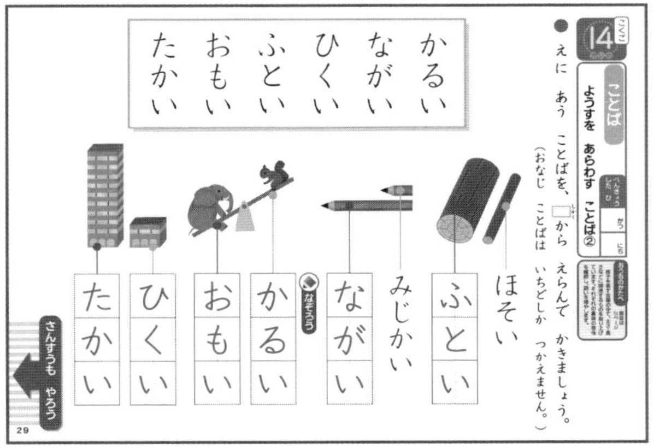

左のビルを「ながい」と答えた場合は、「ビルは上にのびているから、『たかい』を使うよ。」と教えましょう。
他にも、ここに出ている言葉を使って、いろいろなものを言い表してみましょう。

【例】
「○○の髪の毛は長いけれど、お父さんの髪の毛は短い。」

など

さんすう

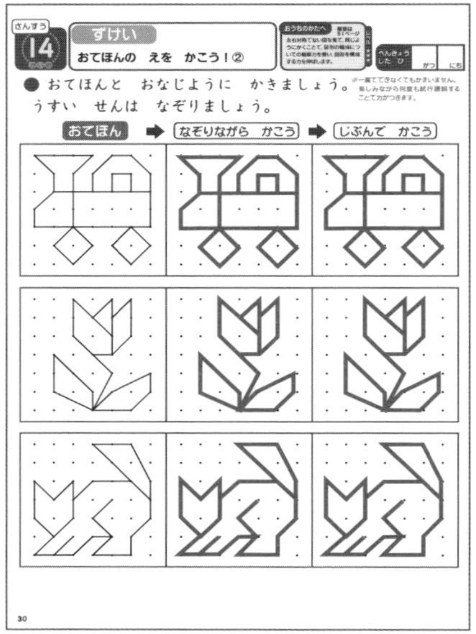

お手本を見て，フリーハンドで丁寧にかかせましょう。お子さまのかきやすいところから，かきやすい順に取り組ませましょう。左右対称の図ではないので，13回目より点の位置の決め方が難しくなっています。とまどっていたら，どこか1本かき始めの線を示してあげるとよいでしょう。かけたら，ほめてあげてください。

解答

こくご

15かいめ

とまどっている場合は、「～を」の部分に注目させ、
「『みず』をどうしているのかな。」
「そう、飲んでいるんだね。」
「だれが飲んでいるのかな。」
「うさぎだね。『うさぎが　みずを　のむ。』という文ができたね。」
といったように考えさせましょう。

16かいめ

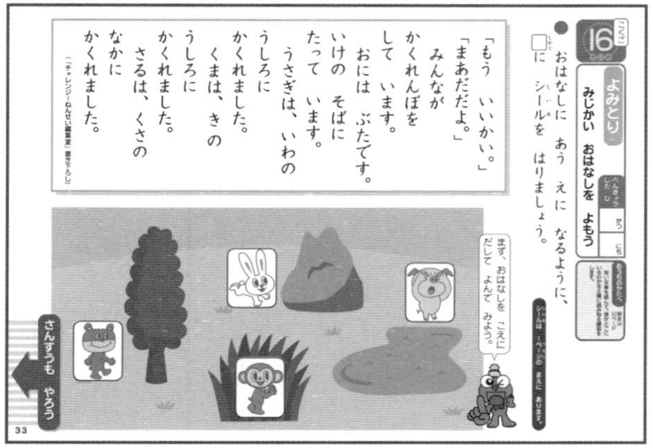

とまどっている場合は、まず、文章の中の動物の名前を〇で囲ませましょう。そして、囲んだ言葉の近くから、その動物がいる場所が書かれた言葉を探すようにするとよいでしょう。

さんすう

15かいめ

この時期では、はみ出さずに塗ることは難しいことです。はみ出しても構いませんが、角などは丁寧にぬらせましょう。丁寧にぬることで、「丸には角がない」「三角や四角には角がある」などの特徴に気づきます。

16かいめ

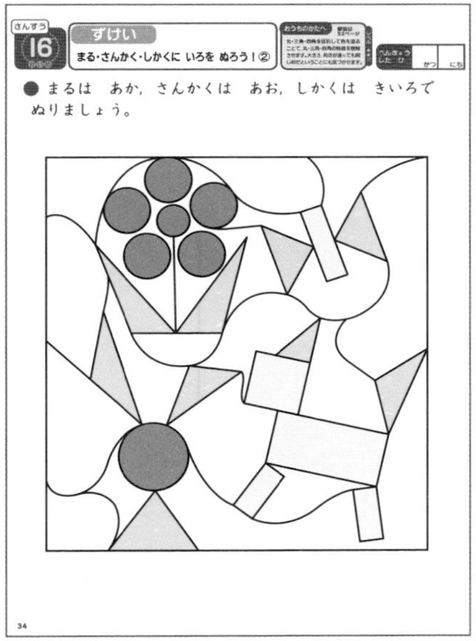

紛らわしい線の中から、丸・三角・四角を見つけることで集中力も養います。塗り残しがあるようでしたら、「まだあるよ」などと声をかけて、全部見つけられるように導いてあげましょう。

17かいめ

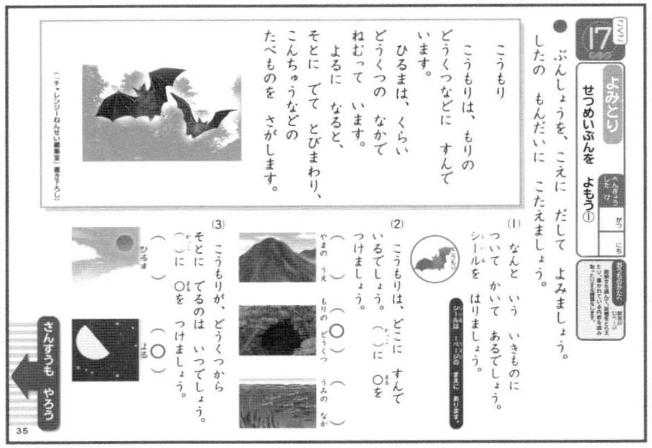

こくご 17
よみとり せつめいぶんを よもう①
ぶんしょうを、こえに だして よみましょう。したの もんだいに こたえましょう。
こうもり
こうもりは、もりの どうくつなどに すんで います。
ひるまは、くらい どうくつの なかで ねむって います。
よるに なると、そとに でて とびまわり、こんちゅうなどの たべものを さがします。
(1) なんと いう いきものに ついて かいて あるでしょう。シールを はりましょう。
(2) こうもりは、どこに すんで いるでしょう。（ ）に ○を つけましょう。
(○) もりの どうくつ
(3) こうもりが、どうくつから そとに でるのは いつでしょう。（ ）に ○を つけましょう。
(○) よる
さんすうも やろう

(1) 文章の題名に着目するようにしましょう。

(2) 「すんで います」という言葉を探して、その前を読むように促しましょう。

(3) とまどっている場合は、「そとにでる」ことが書いてある部分を探すように促しましょう。

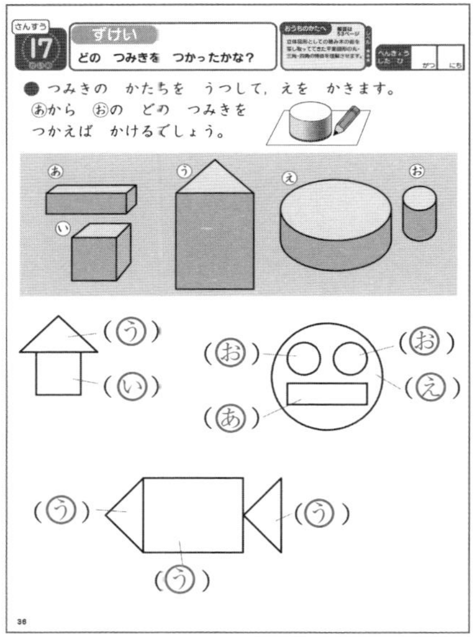

積み木の面を写し取ってかくということがわかりにくいようでしたら，ご家庭にある缶や箱，積み木など身近なものを使って，実際に面を写し取らせてみましょう。㋒の三角柱は置き方によって，三角や四角が写し取れることも経験させるとよいでしょう。

18かいめ

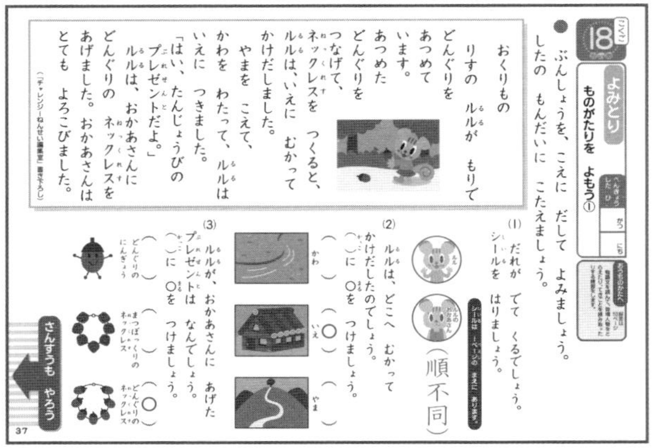

こくご 18
よみとり ものがたりを よもう①
ぶんしょうを、こえに だして よみましょう。したの もんだいに こたえましょう。
おくりもの
りすの ルルが もりで どんぐりを あつめて います。
あつめた どんぐりを つなげて、ネックレスを つくると、ルルは、いえに むかって かけだしました。
かわを わたって、やまを こえて、ルルは いえに つきました。
「はい、たんじょうびの プレゼントだよ。」
ルルは、おかあさんに どんぐりの ネックレスを あげました。おかあさんは とても よろこびました。
(1) だれが でて くるでしょう。シールを はりましょう。
(順不同)
(2) ルルは、どこへ むかって かけだしたのでしょう。（ ）に ○を つけましょう。
(○) いえ
(3) ルルが、おかあさんに あげた プレゼントは なんでしょう。（ ）に ○を つけましょう。
(○) どんぐりの ネックレス
さんすうも やろう

(1) 物語を読むときは、まず、登場人物をおさえることが大切です。人物を表す言葉に着目させましょう。

(2) とまどっている場合は、「かけだしました」の前の部分に注目させましょう。

(3) 「はい、～プレゼントだよ。」のあとの文をよく読んで答えるように促しましょう。

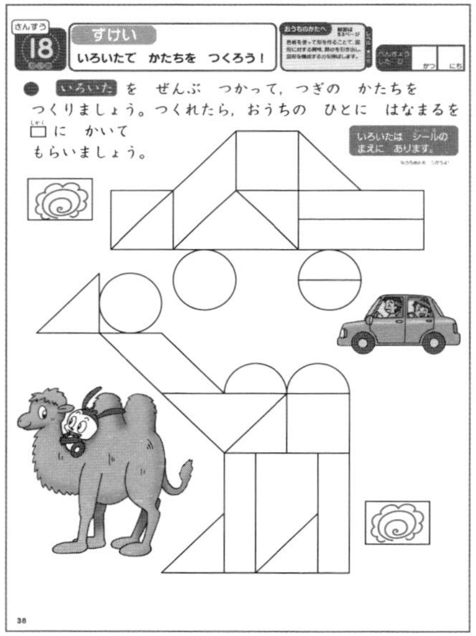

さんすう 18
ずけい いろいたで かたちを つくろう！
いろいたを ぜんぶ つかって、つぎの かたちを つくりましょう。つくれたら、おうちの ひとに はなまるを かいて もらいましょう。
いろいたは シールの まえに あります。

実寸の形なので，形の上に色板を置いて形を作らせましょう。お子さまの興味に応じて，ほかの形を自由に考えて作らせてみましょう。

こくご

解答

さんすう

19かいめ

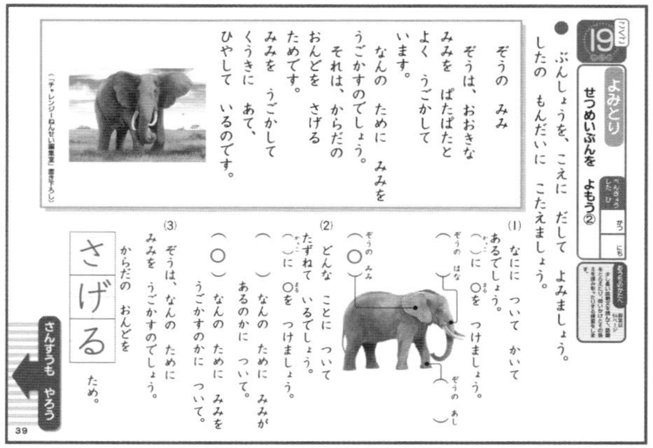

(1) 題名に着目させましょう。

(2) 「なんの ために～でしょう。」という問いかけの文に着目させましょう。説明文では、問いかけの文で話題を示すことが多くあります。

(3) 問いかけの文のすぐあとに、「それは、～ためです。」と理由を説明している文があることに気づかせましょう。

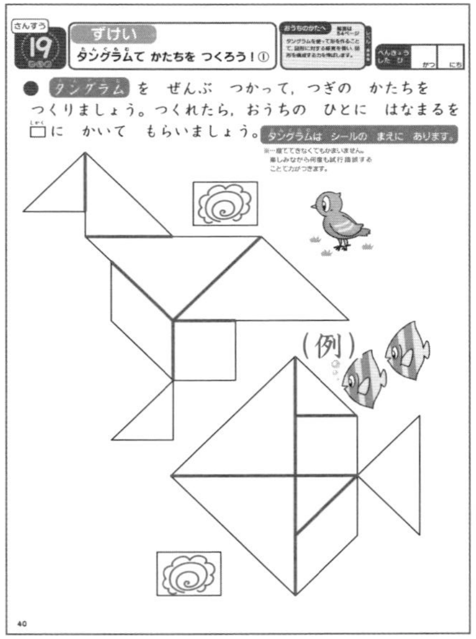

実寸の形なので，形の上にタングラムを置いて形を作らせましょう。なかなかできないときは，置き方の線を１本与えるなどして，きっかけを作ってあげて，お子さま自身でできるように導いてあげましょう。

20かいめ

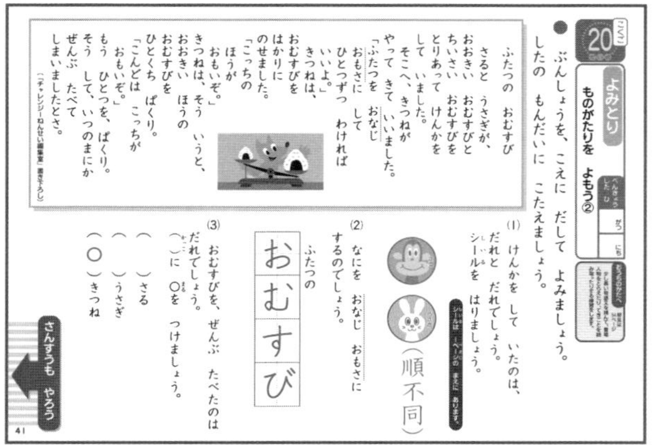

(1) けんかをしていたことが文章のどこに書いてあるか探し、その前をよく読むように促しましょう。

(2) 直前の「ふたつ」が何を指すのかを、文章の最初から話の流れを確認してとらえさせましょう。

(3) 「こっちの ほうが おもいぞ。」「ぱくり」が、誰の言葉や動作なのかを、話の流れからとらえさせましょう。

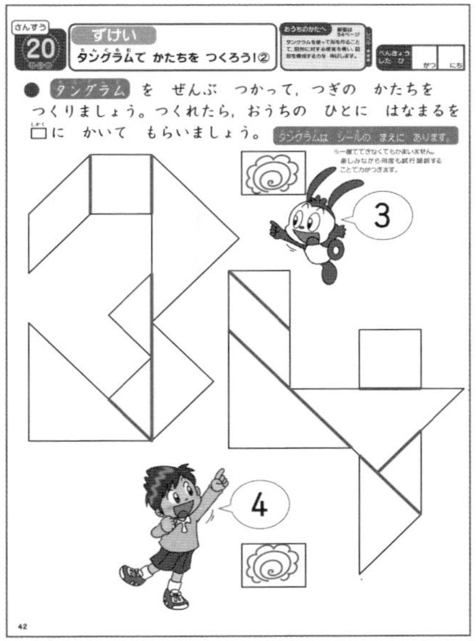

さんすう 20
ずけい
タングラムで かたちを つくろう！②
タングラム を ぜんぶ つかって、つぎの かたちを つくりましょう。つくれたら、おうちの ひとに はなまるを かいて もらいましょう。
タングラムは シールの まえに あります。
3
4

お子さまの興味に応じて，ほかの数字や形を自由に考えて作らせてみましょう。61ページの「親子でもっと発展」では，ほかの数字や形も紹介しています。ぜひ親子で取り組んでください。

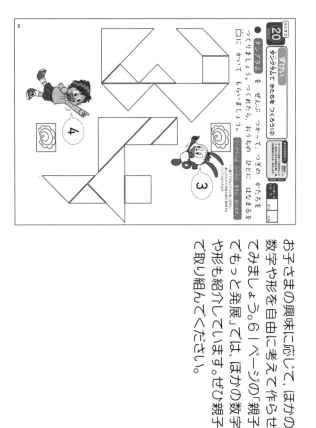

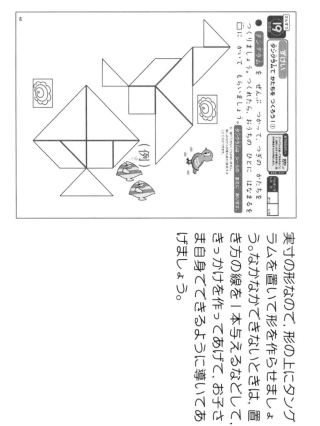

●親子でもっと発展紹介●

家庭学習教材の「チャレンジ一年生」では、「机に向かうこと」だけではなく、「日常の生活の中での学びの芽」も大切に考え、「おうちでできる学習」を支援しています。考える力を育てるために、ご家庭で今できること、おうちで遊びながら楽しくできることを「親子でもっと発展」として紹介しています。ぜひ、ご活用ください。

親子でもっと 発展(はってん) 学習の仕方

正しい姿勢・鉛筆の持ち方

正しい姿勢・正しい鉛筆の持ち方のねらい

正しい姿勢・正しい鉛筆の持ち方は、見た目に美しいだけでなく、美しい文字を書くための基本です。以下をご参考にお子さまの姿勢・持ち方を確認してあげてください。

正しい姿勢のこつ

背はいすから少し離して背筋を伸ばす
おなかと机の間はにぎりこぶし一つ分ぐらいあける
片方の手はノートを押さえる
足の裏全体を床につける

正しい鉛筆の持ち方の教え方

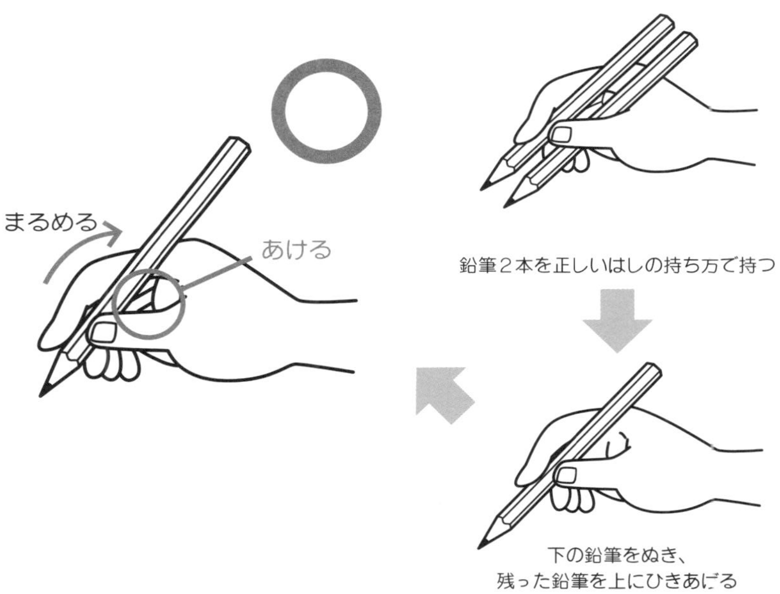

鉛筆２本を正しいはしの持ち方で持つ
下の鉛筆をぬき、
残った鉛筆を上にひきあげる
あける
まるめる

よくあるまちがい

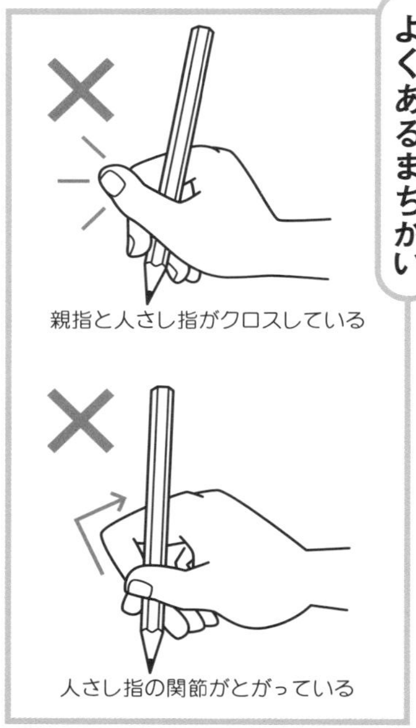

親指と人さし指がクロスしている
人さし指の関節がとがっている

親子でもっとこんなこと 発展

読み聞かせ

読み聞かせは、語い力や読解力を養い、総合的な国語の力を育みます。

Q なぜ、読み聞かせがよいのですか？

物語には、いろいろな言葉が出てきます。初めはわからない言葉でも、場面の状況からだいたいの意味を理解して、たくさんの言葉を覚えることができます。

また、場面の様子や登場人物の気持ちを想像することで、読解力をつけることもできます。

さらに、人の話を聞く訓練にもなります。お話の感想を伝え合えば、自分の感じたことを表現する力もつくのです。

Q どんな本を選べばよいのですか？

1 お子さまが読みたい本がいちばん！

いくらよいと言われている本を選んでも、お子さまが興味を持たなければ、効果は半減します。まずは、お子さまが読みたい本を選びましょう。昆虫や電車などに興味があるのなら、図鑑などでもよいでしょう。興味のある題材にふれる中で、本が好きになっていくことでしょう。

2 図書館やインターネットを活用しましょう

図書館の児童コーナーには専門の相談員がいて、相談にのってくれるところもあるようです。

また、インターネットを使えば、年齢や読みたいテーマに合う本を検索することができます。

3 迷ったら、昔話を読んでみましょう

昔話には、日本で古くから愛されてきた『名作』と呼ばれるものが数多くあります。これらを読むことで、日本の伝統的な文化にもふれることができます。迷ったら昔話を手に取ってみてください。

Q どんなふうに読めばよいですか？

上手に読もうと思う必要はありません。まずは、おうちのかた自身が、お話を楽しみましょう。

そうして、読み終えたら、「○○のところはどきどきしたね。」などと感想を言い合えるようになると、お子さまも本が大好きになるはずです。

言葉遊び

言葉遊びで、おこさまの語いがみるみる増えていきます。

　言葉遊びにはいろいろなものがありますが、言葉を探すことで思考力を鍛えることができます。また、相手の言った言葉を聞くことで、知らなかった言葉も覚え、語いがどんどん増えていくのです。

言葉集め

　まずは、単純な言葉集めに挑戦しましょう。初めに「あ」のつく言葉や、終わりに「ん」のつく言葉などと決めて、お子さまとどちらがたくさん集められるか競争してみるのもよいでしょう。本の中などから、言葉を探すのもよいですね。

〈初めに「き」のつく言葉集め〉

　また、動物の名前集めや体の部分の言葉集めなど、種類を限定して集めてみると、言葉を整理・分類する力がつきます。

〈動物の名前集め〉

- ぞう
- きりん
- ライオン
- いぬ
- ねこ

しりとり遊び

　伝統的なしりとり遊びの他に、動物の名前だけ、食べ物の名前だけなど、言葉の種類を限定したしりとりにも挑戦してみましょう。

　また、三文字しりとりのように、文字数を限定すると、音数を意識づけることができます。

クイズ遊び

　6回目でやったような、ものを説明する形式のクイズに挑戦してみましょう。

　はじめは、おうちのかたが問題を出してお子さまが答え、慣れてきたら、お子さまに問題を考えさせてみましょう。ものの形や色、味や働きなどを、よく観察して説明する力がつきます。

お手紙交換

お手紙交換は、お子さまの語い力・表現力をアップすると共にコミュニケーション力を高めます。

昨今は、友達の家に集まっても、各々が自分のゲームに熱中している…こんな光景も見られ、子どものコミュニケーション力が低下していると言われています。

どんなに高い能力があっても、一人でできることは限られています。誰かと一緒に心を一つにして、物事に当たる…そんなことができるのは、コミュニケーション力があってこそなのです。

けれども、急に『コミュニケーション』と言われても、どうしたらよいのか、イメージしづらいものです。

そこで、お子さまとおうちのかたとで、お手紙交換をしてみてはどうでしょう。手紙のやりとりを続けるうちに、自分の考えを言い表したり、相手の考えを読み取ったりする力も育っていきます。

1 まずは、簡単なやり取りから

せっかく「手紙」をやり取りするので、読むときは書いた人がその場にいないほうがよいですね。

まずは、おうちのかたが、お子さまの日常生活について手紙で聞いてみましょう。そして、お子さまに手紙で答えるように促しましょう。

おはよう。
なかよしの　おともだちの
なまえを　おしえてね。

こんな短いやり取りなら、文字を書くのが得意でないお子さまでも、苦にならないで続けられそうです。

2 慣れてきたら、長い文に挑戦！

手紙のやり取りに慣れてきたら、おうちのかたから少し長い手紙を書いてみましょう。

おかあさんは、きのう
きれいな　はしを　みたよ。
○○は、きのう　なにを　して
あそんだのかな？

毎日、書くことを見つけるのが難しければ、手紙でクイズを出し合ってもよいですね。

あかくて、あまくて、
つぶつぶが　ある　くだもの
なんだ？

こんなやり取りを通して、しだいに自分の思いを文に表すことができるようになっていきます。お手紙交換は、コミュニケーション入門の第一歩なのです。

10（20, 30）を言わないようにするゲームにチャレンジ！

1～12回目では，「数感覚を養う」ことを主なねらいとして，1～10の数の範囲でいろいろな問題を取り上げました。さらに，ここでは，次に紹介するゲームに親子でチャレンジすることで，楽しく1～10（20，30）の数唱の練習をし，見通しをもって考える力を養いましょう。

10（20，30）を言わないようにするゲームのやり方

①じゃんけんをして，勝ったほうが先攻か後攻かを決める。

②先攻の人から，1から順に数を言う。

ルール
順に言う数は，連続した数で1～3つまで。
〔例〕「1」「1，2」「1，2，3」

③後攻の人が，続けて数を順に言う。

④ ②と③をくり返す。

⑤ 10を言った人の負け。

続けて言う数は3つまでなので，勝つためには，「自分が9を言うようにする」「相手に6を言わせるようにする（相手が6なら「7，8，9」，相手が6，7なら「8，9」，相手が6，7，8なら「9」と言う）」という見通しをもつことが大切です。

ゲームに慣れたら，ぜひ，20，30を言わないようにするゲームに数の範囲を広げて，楽しみながら1～30の数唱の練習をしてみましょう。

親子でもっと 発展さんすう

「丸」を見つけてかこう！

１５～１７回目まで，いろいろな大きさや，向きの違う丸・三角・四角を取り上げたり，立体図形の面の形として丸・三角・四角を取り上げたりして，平面図形の基本形としての丸・三角・四角の特徴の理解をねらいとしました。

丸については，小学１年生で，「丸がかけない」お子さまが多いという実態があります。丸の特徴を理解したうえで，丸の形のものを身のまわりで見つけることで，形の特徴の理解を深め，さらに見つけたものを使って丸をかく練習をたくさんさせておきましょう。

丸の形のものを，身のまわりで見つけられることが大切！

見つけた丸の形を使って，丸をたくさんかく練習をすることが大切！

丸だけでなく，三角・四角の形のものも身のまわりで見つけて，見つけたものを使って形をかく練習をしてみましょう。三角・四角は向きが違うと見つけにくいようです。見つけたら，向きを変えて形をかいてみるとよいでしょう。

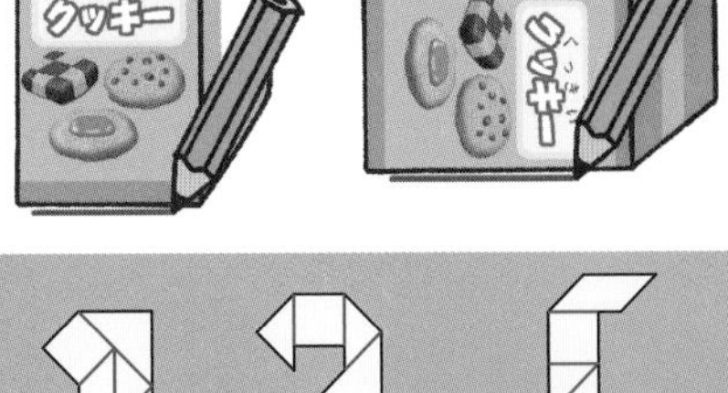

６１ページのタングラムの答えの例

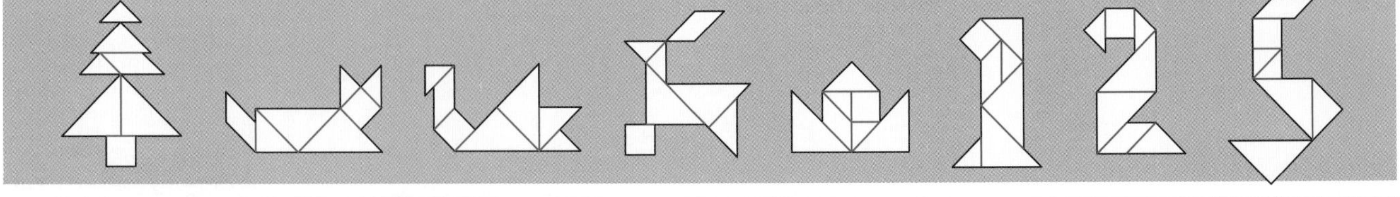

親子でもっと
発展さんすう

タングラムで遊ぼう！

１９•２０回目で取り上げた「タングラム」は，正方形の板を７つに切り分け，それを組み合わせて形を作って遊ぶという，古くからあるパズルです。タングラムを使って形を作ることで，図形に対する感覚を養い，図形を構成する力を伸ばすことをねらいとしています。１９•２０回目の形や数字のほかに，次のような形や数字も，親子で一緒に作ってみてはいかがでしょうか。さらに，自由に形を考えて作ってみるのもよいでしょう。図形に対する興味•関心を高め，創造力を養います。

木

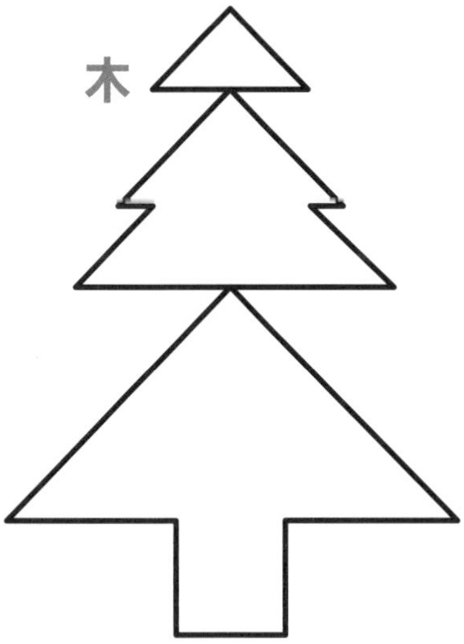

ねこ

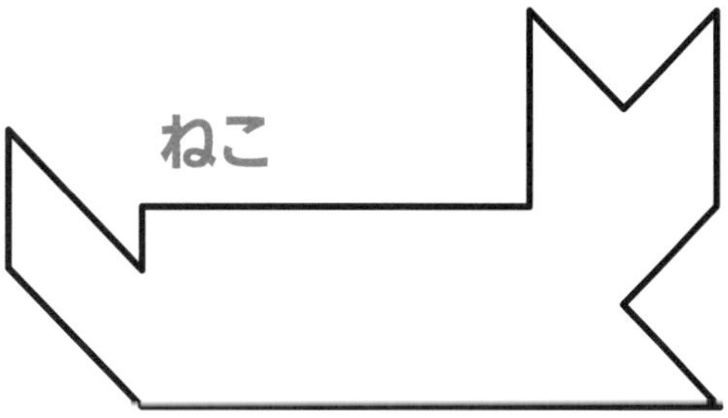

しか

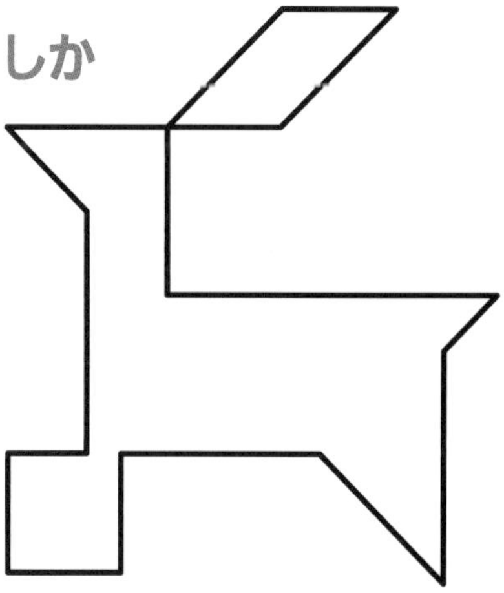

白鳥

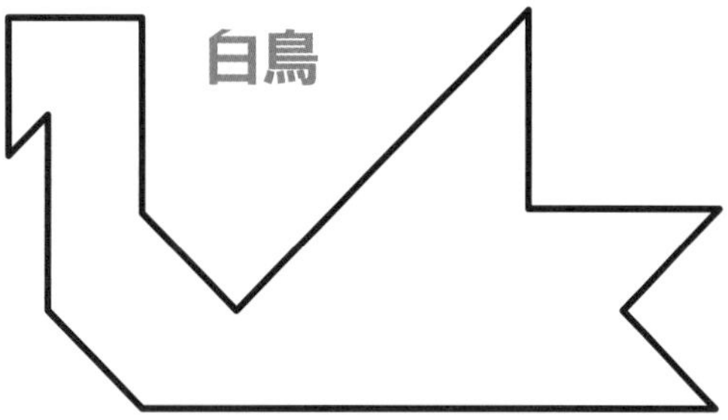

冠

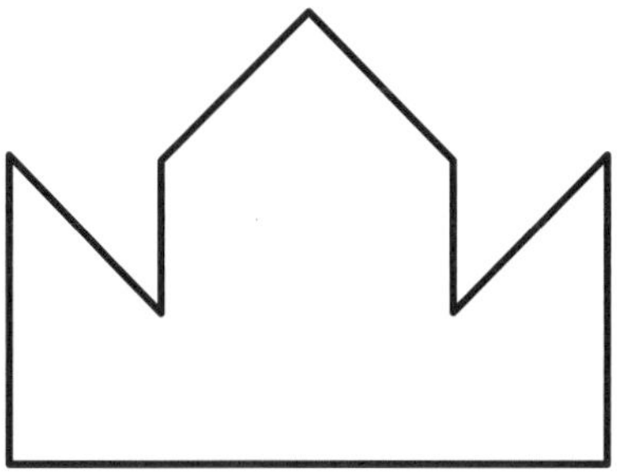

数字の1•2•5

答えは60ページにあります。

チャレンジ1ねんせい

2025年度4月号

入会受付中!

自分で考え、答えを見つける力をつける学習法

＼新開講／

※ここでご紹介している教材・サービスは2024年5月現在の情報です。最新のお届け内容としめ切り日はWEBをご確認ください。

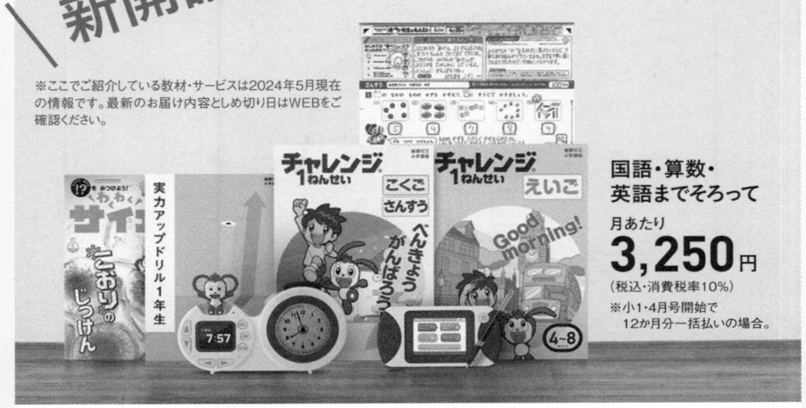

国語・算数・英語までそろって
月あたり **3,250円**
(税込・消費税率10%)
※小1・4月号開始で12か月分一括払いの場合。

教材のくわしい内容、お申し込みはこちら ⇨ 新チャレンジ1年生 検索
または sho.benesse.co.jp/new1/

受付時間　24時間・年中無休

「1年生準備スタートボックス」を、4月号に先行してお届け!

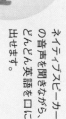

学習準備から早寝・早起きの習慣づくりまで、入学前にしておきたい準備をすべてセットにしてお届けします。

※特典の内容やお届け時期はお申し込みの時期によって異なります。最新のお届け内容としめ切り日はWEBでご確認ください。
※[チャレンジ スタートナビ(〈チャレンジ1ねんせい〉選択の場合のみ)]と[めざましコラショ]は小1・4月号教材です。入会特典と一緒に先行お届けしています。

学力

授業内容を理解し、学んだことを応用して考える力まで身につける。

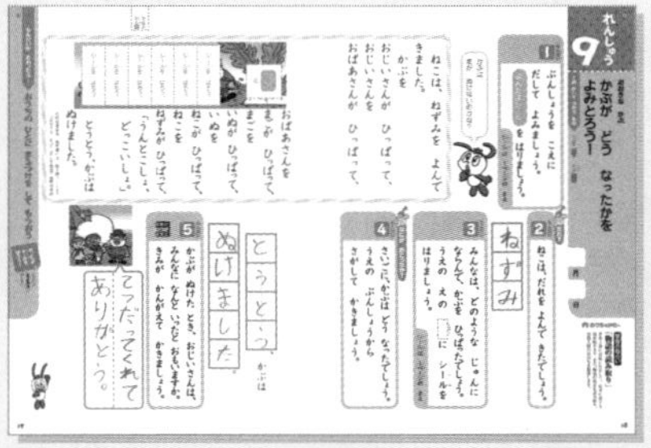

※光村図書出版 教科書一上「おおきな かぶ」(ロシア民話) 西郷竹彦訳

国語　登場人物の気持ちや話の続きを想像し、自分の言葉で書けるまでに。

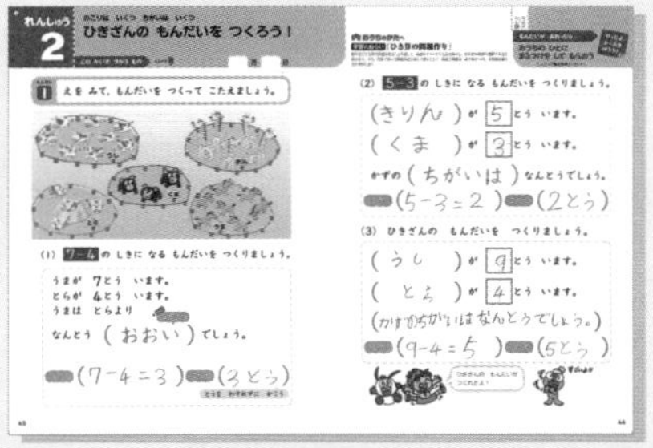

算数　たし算・ひき算の問題を作れる応用力まで身につきます。

学習習慣

理解・定着のステップで、1年生スタートから学習習慣をつくっていける。

理解 ⇨ 演習 ⇨ 定着

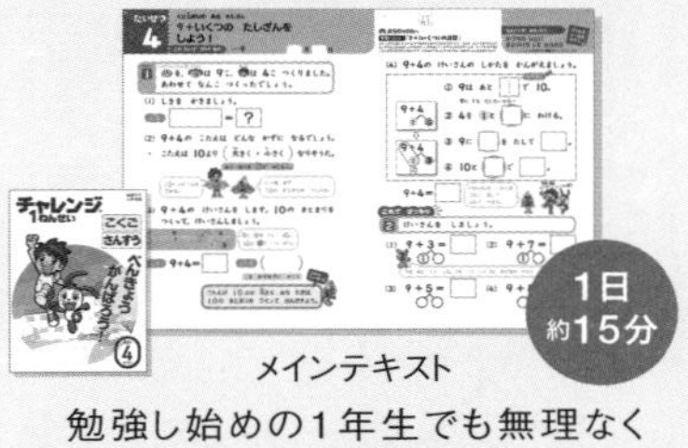

メインテキスト

勉強し始めの1年生でも無理なくできる学習量で、毎日机に向かえます。

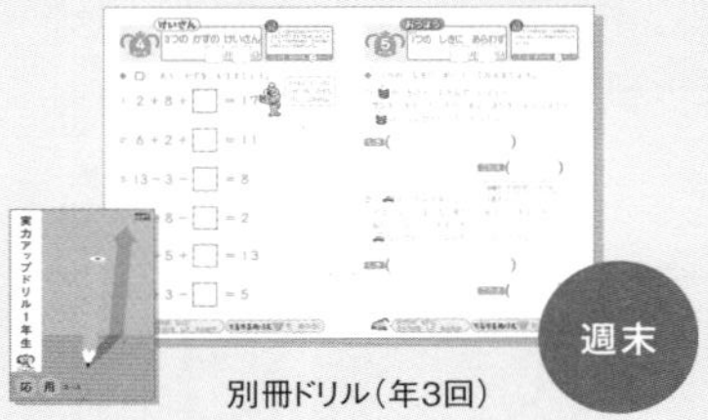

別冊ドリル(年3回)

演習量を補うとともに、習ったことをいかして考える応用力を伸ばします。

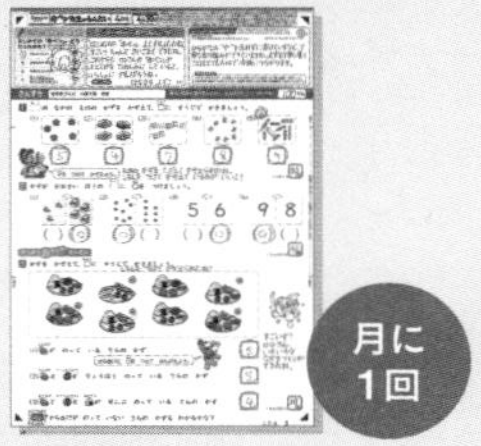

添削課題

担任制の「赤ペン先生」による添削指導で学力を定着させます。※1

英語

身近な英語表現をくり返し聞き、英語が口をついて出るまでに。

聞く・話す

イラストとセットで、どんな時に使う言葉なのかを想像できます。

＼ Good morning! ／

ネイティブスピーカーの音声を聞きながら、どんどん英語を口に出せます。

※1サービスの内容は変更になる可能性があります。やむを得ず、担任の「赤ペン先生」はお休みしたり、かわったりすることがあります。そのときは、別の「赤ペン先生」が担当します。12・3月号は実力診断テストをお届けします。「赤ペン先生」は(株)ベネッセコーポレーションの登録商標です。※2024年5月現在の情報です。※ここでご紹介している名称・デザイン・内容・お届け月などは変わることがあります。ご了承ください。